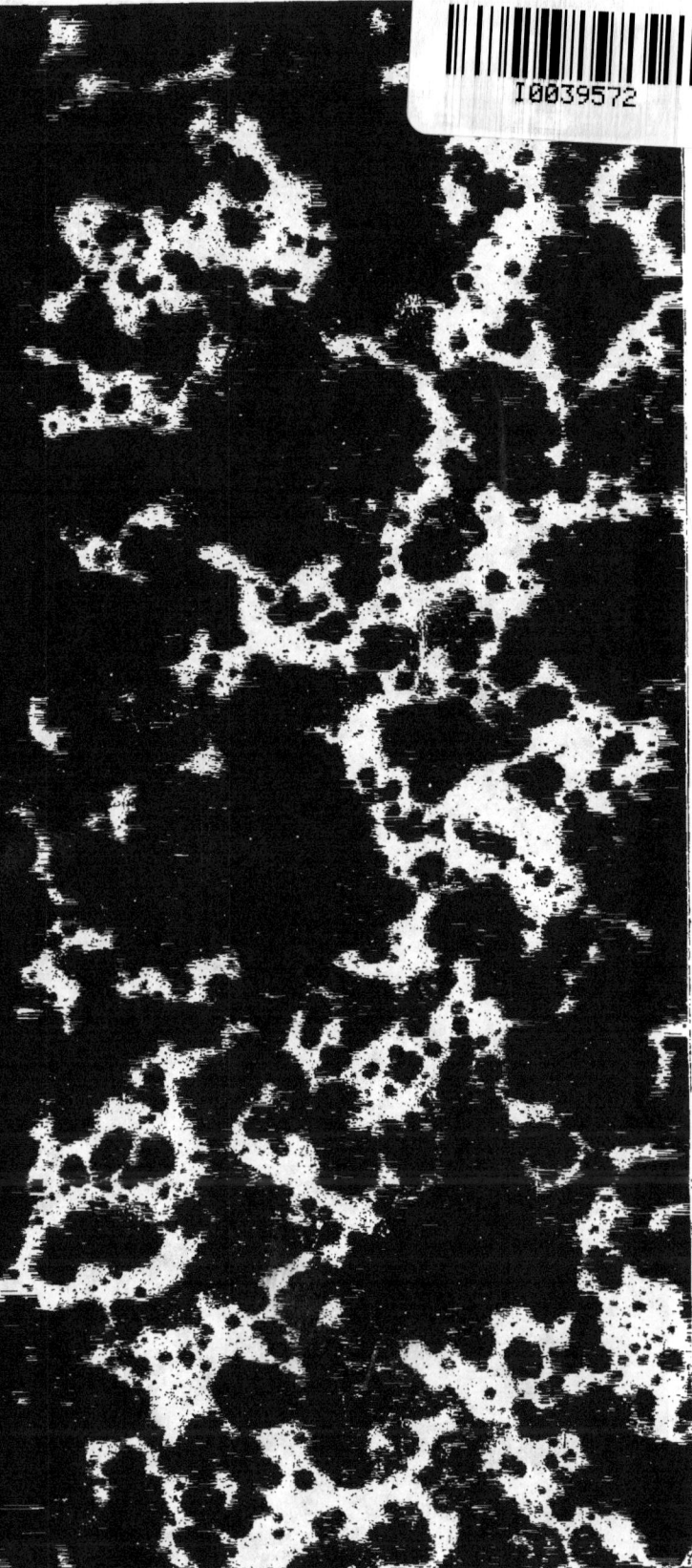

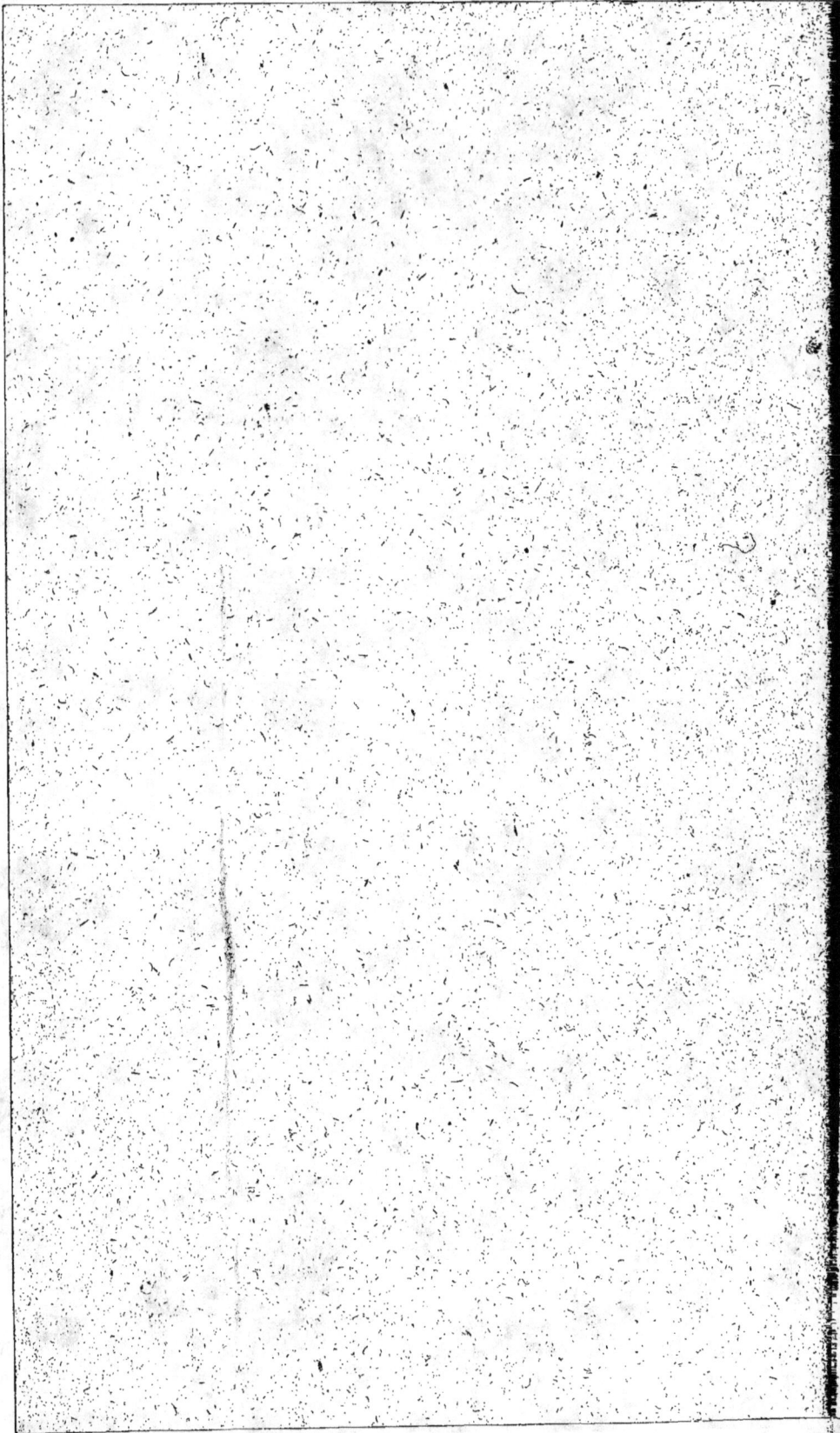

PLAN

D'INSTRUCTION GÉNÉRALE.

CONJUGAISONS EN CONVERSATION.

Le dépôt voulu par la loi ayant été fait, l'Auteur déclare qu'il poursuivra devant les Tribunaux, quiconque mettrait en émission des exemplaires de cet Ouvrage, qui ne seraient pas revêtus de sa signature et des numéros d'ordre.

OUVRAGES DE L'AUTEUR.

Conjugaisons en conversation : cette troisième et dernière partie, sous presse, contiendra, 1° la Conjugaison des Verbes qui changent d'orthographe à différens temps et personnes des temps. 2° La Conjugaison des Verbes irréguliers. Dans toutes ces Conjugaisons se trouveront en action toutes les difficultés de la Langue française, désignées par n° d'ordre, pour être vues à la fin de l'ouvrage. 3° La Comparaison des bonnes avec les mauvaises Locutions. Cette troisième partie paraîtra incessamment, outre d'autres Ouvrages rédigés pour les Arts et les Sciences, etc.

PLAN

D'INSTRUCTION GÉNÉRALE.

CONJUGAISONS EN CONVERSATION,

POUR

ENSEIGNER ET APPRENDRE A PARLER PUREMENT LA LANGUE FRANÇAISE;

PAR M. EUSÈBE GORGERET,

Chevalier de la Légion-d'honneur, Bachelier-ès-Lettres, ex-Maître de Pension, Auteur de plusieurs Ouvrages pour l'instruction.

A PARIS,

Chez
- L'AUTEUR.
- JOHANNEAU, Libraire, rue du Coq-Saint-Honoré.
- SANSON, Palais-Royal, Galerie de Bois.
- EYMERY, rue Mazarine.
- Mme veuve LEVY, quai des Augustins.
- Mme veuve NYON, quai de la Monnaie.

A LYON,

Chez AYNÉ Frères, Impr.-Libr., rue Saint-Dominique, Nº 15.

Et chez les principaux Libraires de Paris et des départemens.

1825.

PLAN

D'INSTRUCTION GÉNÉRALE.

PREMIÈRE PARTIE.

BEAUCOUP de personnes se sont occupées de rédiger des Grammaires dans toutes les langues; la plupart se sont copiées servilement les unes les autres, à quelques différences près. Ces ouvrages, bien loin d'être utiles à l'enseignement des langues, répandent partout des difficultés innombrables à surmonter; ils émettent des idées fausses sur la théorie du langage, et en rendent pour ainsi dire la connaissance impossible pour ceux qui, sans réflexion, suivent de point en point ce qui est contenu dans ces inutiles productions.

Plusieurs auteurs ont fait cependant des ouvrages très-estimables, mais ils ne sont point à la portée de la multitude; ils sont à peine bien compris par peu d'élus; ils sont tous plus ou moins éloignés de la nature : et ces auteurs, à force d'esprit et de talens, ont rendu la connaissance de notre langue difficile à enseigner et à apprendre;

1

car pour lire ces précieux ouvrages avec avantage, il faudrait connaître au moins passablement la langue française : ils ne peuvent donc être mis entre les mains des élèves; ils ne les entendraient pas.

Je pose d'abord en principe qu'il ne faut point de grammaires pour enseigner ou pour apprendre une langue quelconque ; et qu'elles sont surtout inutiles pour les commençans.

Il ne faut mettre une grammaire dans les mains des disciples, que quand on leur a appris à bien et purement parler la langue qu'on veut leur enseigner. Cette connaissance s'acquerra, pour les langues vivantes, avec facilité et agréablement, en fréquentant la bonne compagnie ou quand l'élève sera confié à un bon maître, avec lequel il sera habituellement.

On ne peut enseigner à un individu quelconque les principes d'une chose qu'il ne connaît pas et qui n'existe pas pour lui. En effet, quand on apprend à parler à un enfant qui commence seulement à articuler, lui enseigne-t-on l'orthographe des premiers mots qu'on lui fait prononcer ? lui apprend-on à les lire, à les écrire ? Quand il sait quelques mots, lui enseigne-t-on la grammaire, enfin la syntaxe pour lui apprendre l'intelligence d'une phrase, ou celle de toute une conversation ? Non sans doute ; si on employait ces moyens stériles et ennuyeux, à trente ans, l'homme ne saurait pas même parler.

On enseigne les mots par la connaissance des choses physiques qui se trouvent en rapport avec l'enfant ; ce dernier, pressé par les besoins de la nature, est forcé de développer son intelligence pour les satisfaire ; il connaît, il distingue les choses par la vue, par le geste de la personne qui lui enseigne à parler, porté sur l'objet qu'il désire obtenir : le nom prononcé en même temps fixe sa vue et frappe son oreille ; enfin, son entendement s'élargit pour ainsi dire, et sa mémoire se fixe sur l'objet et la prononciation du nom de ce même objet. En répétant le mot, il demande par suite l'objet qu'il désire ; on le lui accorde, le voilà irrévocablement fixé sur l'objet, sur le nom et sur l'usage ; le voilà qui commence à réfléchir. Ainsi, d'objet en objet, de nom en nom, de besoin en besoin, d'utilité en utilité, il arrive à la connaissance de tout ce qui existe ; il réfléchit, et finit par soutenir une conversation. C'est ainsi que les langues maternelles s'apprennent, et elles s'apprendraient très-bien et purement, si l'enfant n'était entouré que de personnes parlant bien, et si on lui apprenait à parler par les moyens que je vais décrire.

Comme on le voit, en remontant à la nature, il nous est mathématiquement démontré

qu'il ne faut point de grammaire pour apprendre
à bien parler, et qu'un enfant d'un âge peu
avancé pourrait savoir très-bien parler sans avoir
appris un mot de grammaire ; comme un enfant
pourrait savoir de mémoire une grammaire quelconque, même la meilleure, sans en avoir oublié un mot, et cependant parler comme le vulgaire : savoir parler mal et très-mal le français.

Je pense qu'il faut qu'un élève parle bien et
purement, pour qu'un maître puisse lui faire
concevoir la différence du bien et du mal parler;
il faut qu'il sache purement parler pour concevoir
les règles du langage, et pour qu'on puisse lui confier même une bonne grammaire sans danger de
nuire à son éducation.

L'enfant né de parens instruits, qui aura toujours habité avec eux, et qui n'aura point été
en contact avec des personnes qui ne connaissent
point le français, parlera purement sa langue
maternelle à l'âge de sept ans; cela est incontes-
table, et cependant on n'aura point pris la peine
de lui enseigner les règles du langage. Si on veut
alors lui enseigner ces mêmes règles, ne les
concevra-t-il pas immédiatement ? L'enfant qui au
contraire aura été mal élevé, qui aura été entouré
de personnes sans instruction, ou qui aura été
élevé à la campagne, ne pourra être instruit
non-seulement à parler purement et à connaître

les règles du parler qu'ensuite d'un grand nombre d'années ; mais encore quelquefois un très-bon maître ne pourra-t-il souvent même parvenir à l'instruire parfaitement dans la prononciation et la pureté de la langue française, ne conserve-t-il pas toujours de mauvaises locutions difficiles à extirper.

Il est prouvé par l'expérience que l'enfant qui appartient à des parens instruits et avec lesquels il a toujours habité, est plus avancé de six ans, et peut-être même de toute sa vie, que l'enfant qui a sucé de mauvais principes dès sa naissance, enfin que l'enfant du vulgaire.

Qu'il me soit permis de faire une petite digression, que je crois propre à démontrer quels sont les vices de l'éducation et de l'instruction primitive.

La plupart des parens confient leurs enfans à des nourrices souvent mal saines, et les laissent quelquefois en sevrage jusqu'à l'âge de sept ou huit ans. Ces enfans reviennent lourds ; ils ont des idées obtuses, ils sont sans vivacité, sans énergie ; ils possèdent un jargon détestable, ils sont incapables d'entendre les auteurs de leurs jours , ni d'être entendus par eux.

Les parens disent en outre et souvent que, ne voulant pas donner une éducation relevée à leurs enfans, ils ont le temps de les confier à de bons maîtres. Dans cette pensée ils ne les envoient dans certaines écoles que pour s'en débarrasser. Ils confient donc leurs enfans à des maîtres igno-rans, auprès desquels, si ces enfans parviennent à quitter un peu le jargon de la campagne, s'ils l'ont habitée, ils acquièrent en échange un mau-vais français, de mauvaises locutions, un accent détestable, et des habitudes difficiles à détruire.

Les parens qui retirent de bonne heure leurs enfans de nourrice, ou qui les ont élevés ou fait élever chez eux, tombent encore dans les mêmes erreurs que ceux dont je viens de parler ; ils confient d'abord leurs enfans à de mauvais maî-tres, et dans les écoles de qui ils trouvent mau-vaise compagnie. Ils apprennent donc à mal par-ler ; ils retiennent de mauvaises locutions et des mots plus que vulgaires, qui n'auraient jamais dû blesser leurs oreilles. C'est ainsi que les pères condamnent leurs enfans à passer les premières années de leur vie.

Les pères et les mères feraient beaucoup mieux de garder leurs enfans jusqu'à l'âge de huit ans, que de les envoyer dans de semblables écoles ; car, si les parens confient ensuite leurs enfans à un bon maître, il faut à ce dernier bien des peines, bien des soins et beaucoup d'années pour leur donner une bonne prononciation, pour chasser de leur esprit tous les termes impropres, ainsi que les mauvaises locutions qui sont incrustées dans leur mémoire, et quelquefois ce bon maître peut-il y parvenir, tant les mauvaises et les premières impressions sont difficiles à détruire.

En outre, on enseigne partout à lire par des méthodes ridicules, créées en sens inverses de ce qui nous est tracé par la nature; on part de l'inconnu pour arriver à l'inconnu, au lieu d'enseigner par la chose connue pour arriver de connu en connu jusqu'à l'inconnu. Et par cet enseignement mensonger on garde les enfans, pour leur enseigner, dit-on, à lire, deux, trois, quatre ans, et même plus, toujours dans les larmes, abreuvés de dégoût, considérant leur école comme un lieu de punition que leur infligent leurs parens.

Comme on le voit, on fait tout ce qui est contraire à l'instruction des enfans; et les parens, tout en croyant ne faire que peu de dépenses pour ce qu'on appelle vulgairement la première éducation, ont dépensé beaucoup trop, et encore inutilement. Les enfans ont passé un temps très-précieux à être enseignés dans ce qui leur était nuisible pour parvenir à une bonne, à une sûre et à une solide éducation. Ils ont de plus acquis le dégoût pour leurs études, par les difficultés d'apprendre ce qui était mauvais et ce qui leur était mal enseigné.

Certains maîtres veulent-ils enseigner ce qu'ils

appellent la grammaire de notre langue ; ils en-
tretiennent leurs élèves nombre d'années à apprendre de mémoire cette même grammaire ;
grammaire d'une langue que leurs disciples parlent très-mal , et qui est souvent très-mal parlée
par ceux mêmes qui disent l'enseigner. Ces maîtres appliquent les enfans à copier cette grammaire , à copier des livres , prétendant par ce
moyen leur apprendre l'orthographe d'usage , et
même les règles du bien parler. On marche donc
de stérilité en stérilité, sans procurer aux disciples quelques délassemens par une étude agréable
et récréative , la monotonie au contraire présidant
à tout.

On exerce dans les écoles la mémoire et en
aucune manière l'entendement ; on va d'inconnu
en inconnu nombre d'années , après lesquelles
les parens sont tout étonnés que leurs enfans ,
quoique connaissant de mémoire ce que l'on appelle grammaire , parlent toujours très-mal, écri-
vent plus mal encore l'orthographe , et sont incapables de donner aucune réponse satisfaisante
sur toutes les questions qui peuvent leur être
faites.

Pour les langues vivantes , pour les langues
latine et grecque , on procède encore de la même
manière que pour le français ; on met dans les
mains des disciples des grammaires qu'on leur fait

apprendre de mémoire ou qu'on lit avec eux. On s'imagine par ce moyen expliquer et faire comprendre les règles pour bien entendre les langues mortes, pour bien parler, pour bien écrire telle ou telle langue vivante. Le tout, avant d'enseigner à bien parler par la pratique, pour ce qui est des langues vivantes ; et pour les langues mortes, avant d'avoir montré à l'élève à traduire, à entendre et à comprendre parfaitement le sens des auteurs latins ou grecs. On place la charrue devant les bœufs : on va donc d'inconnu en inconnu, on se perd et on perd les autres dans un brouillard de difficultés innombrables et incompréhensibles.

C'est ainsi que les parens, sans un résultat avantageux, dépensent beaucoup d'argent pour leurs enfans, afin de leur donner, disent-ils, de l'instruction ; ils marchandent avec les bons maîtres sur le prix des leçons, sur le prix des pensions ; ils courent au meilleur marché; ils déconsidèrent les maîtres instruits au lieu de les honorer et de les regarder comme un second père qu'ils donnent à leurs enfans. Ils condamnent leur progéniture, qu'ils disent chérir, à passer huit à neuf années dans les écoles primaires, dans la contrainte, dans les larmes, et ce pour ne rien apprendre, instruits par de mauvais maîtres qui se servent encore de mauvaises méthodes.

Quand les pères ou les mères veulent confier leurs enfans soit dans un externat, soit dans un pensionnat, ils doivent sérieusement réfléchir s'ils doivent accorder leur confiance au directeur de l'un de ces établissemens; s'ils sont convaincus de la capacité du maître, s'ils sont contens de sa bonne manière d'enseigner; ils doivent, dans ces circonstances, abandonner leurs enfans à l'absolue direction du professeur; ils doivent s'en rapporter entièrement à lui; sans quoi, s'ils ont la faiblesse d'écouter ce que peuvent leur dire leurs enfans, ils s'exposent à faire des reproches non mérités aux maîtres; ils s'exposent à donner de l'arrogance aux disciples; ils les rendent insubordonnés, peu studieux; et par cette conduite, ils les détournent de faire aucuns progrès dans leurs études; ils se mettent dans le cas de promener leurs enfans de pension en pension, toutes les fois qu'il plaira à ces jeunes têtes de les abuser pour satisfaire leurs petites passions, pour satisfaire leur paresse et le peu d'amour pour le travail, auquel leurs parens auront donné lieu par le trop de condescendance à leurs volontés.

Une cause encore du peu d'amour qu'apportent les enfans pour l'étude, et qui les retarde considérablement, ce sont les trop fréquentes visites des parens dans les pensions et dans les colléges; c'est le séjour que font les enfans chez leurs parens pendant la totalité du dimanche et souvent du lundi. Un enfant qui est une fois dans les études ne devrait aller chez ses parens que tous les ans lors des vacances, et n'y passer encore que quelques jours.

Les bons maîtres doivent être honorés par les pères et les mères ; il est honteux de les voir souvent en butte aux faiblesses des parens envers leurs enfans.

Beaucoup de parens aiment leurs enfans outre mesure, et au lieu de les gouverner ils sont gouvernés par eux. J'ai eu plus de six cents élèves, et je me suis plusieurs fois convaincu de ces tristes vérités. Parens, aidez et soutenez les maîtres à qui vous confiez vos rejetons ; ne leur attribuez jamais aucun tort ; dites toujours à vos enfans que leurs maîtres font bien et très-bien.

Vous vous convaincrez par la suite combien cet avis est salutaire ; vous verrez vos enfans faire des progrès rapides, vous les verrez faire des progrès qui vous étonneront. Vos enfans ne penseront plus qu'au travail, et à remplir avec zèle et exactitude tous leurs devoirs tant scolastiques que religieux.

Le plan d'éducation que je soumets au public, s'il était approuvé et si on le mettait à exécution, remédierait, je l'espère, à tous les inconvéniens dont je viens de parler ; les langues s'apprendraient

dorénavant facilement et agréablement ; l'élève
n'apporterait plus le dégoût dans ses études ; il
aurait au contraire la plus grande application et le
désir ardent de s'instruire.

J'ai conçu ce plan d'éducation depuis 1817 ;
il serait utile à toutes les classes de la société.
Je l'aurais mis dès le principe à exécution, si ma
fortune eût secondé mes bonnes intentions.

Je penserais qu'il faudrait un établissement
près et hors la capitale, dans une belle, saine et
riante situation ; que cet établissement fût divisé
en trois classes différentes : enfans du premier
âge jusqu'à sept ans, élèves de sept ans à seize,
et disciples de seize à trente, etc.

Je vais m'expliquer.

Les Romains qui connaissaient tout le prix
d'une bonne éducation, voulaient que leurs enfans, aussitôt qu'ils pouvaient se passer de leur
nourrice, et avant qu'ils articulassent aucun
mot, voulaient, dis-je, que leurs enfans fussent
confiés à des personnes instruites, afin qu'ils
n'entendissent qu'un langage pur, et que leurs
oreilles fussent formées à n'écouter que ce qui
était le mieux dit ; il était défendu à aucun domestique de s'entretenir avec ces enfans, et si ces
domestiques étaient forcés de répondre à des
questions, ils ne devaient le faire que par oui ou
non.

Il serait à souhaiter que dans un pays tel que la France, où les arts, les sciences, la littérature, etc.; sont portés au plus haut degré de perfection, on formât l'établissement dont je viens de parler, et que l'on suivît de point en point, pour tout au moins les jeunes gens dont les parens sont fortunés, les méthodes que je fais imprimer, pour que les élèves parvinssent à la bonne éducation.

Mais, diront les personnes ennemies des innovations, qu'avons-nous besoin de nouvelles méthodes qui abrégeraient le temps pour l'éducation ? nous avons un proverbe qui dit, que ce qui s'apprend difficilement se grave pour long-temps dans la mémoire ; qu'il est à craindre qu'en apprenant très-vite on perde aussi très-vite tout ce qu'on a appris.

Que dans le siècle de Louis XIV, nous avons eu des grands hommes qui ont appris par les anciennes méthodes ; nous ne pensons pas, ajouteront-ils, qu'il y ait aujourd'hui des hommes qui soient au-dessus, ni qui même approchent de ces êtres extraordinaires : je répondrai que quand on sait bien et que l'on entend bien ce que l'on a appris, on ne l'oublie jamais ; et que sans disputer si ou non le siècle de Louis XIV a fourni de plus grands hommes que le nôtre, je dirai que ces grands hommes auraient été au-dessus d'eux-mêmes, s'ils avaient appris en peu de temps ce qu'on leur a si longuement enseigné; ils n'auraient trouvé aucune difficulté dans leurs études; ils seraient devenus de meilleure heure de bons écrivains, et nous auraient laissé une plus grande quantité de chefs-d'œuvres, et certainement meilleurs.

Revenons à ma proposition.

Il faudrait, dis-je, un terrain de dix arpens contigus, dans lequel on ferait construire trois maisons; le surplus du terrain serait divisé suivant les commodités et l'usage de chacune.

La première serait bâtie pour y recevoir commodément les enfans du premier âge jusqu'à sept ans. La nourriture de ces enfans serait saine, réglée, et donnée à des distances marquées et fixées suivant l'âge de chacun d'eux; par ce moyen ils acquerraient la force de corps, l'agilité; par ce moyen ils auraient une santé parfaite, santé qu'ils perdent souvent auprès de leurs parens, parce que ces derniers, à force d'amour et de soins, les rendent souvent malades en leur donnant tout ce qui leur est contraire. La maladie ordinaire des enfans, chez leurs parens, est l'indigestion; aussi tous les enfans gâtés ont-ils un mauvais estomac. La frugalité n'est que le choix des alimens appropriés aux divers tempéramens, aux divers âges. La frugalité est le meilleur moyen

d'élever les enfans. Et regardez ceux des cam-
pagnards, sont-ils sujets aux mêmes maladies que
les enfans des villes ?

Ces enfans seraient confiés à des personnes
instruites, qui ne leur apprendraient que les mots
usités dans notre langue.

Ces mots leur seraient enseignés par les gestes
et par les faits, soit au moyen du manger, soit
autrement .... suivant les méthodes que je me
proposerais de rédiger à cet égard. Des mots on
passerait aux phrases ; et cette instruction se ferait par les moyens les plus agréables, les plus
récréatifs, en jouant et caressant les enfans, faisant en sorte surtout de ne jamais les ennuyer.

Quand les enfans commenceraient à concevoir
le sens d'une phrase complète, on leur enseignerait à parler purement, en leur faisant réciter
entre eux et en jouant avec eux, les conjugaisons, en conversations, de tous les verbes tant
réguliers qu'irréguliers ; c'est-à-dire en leur faisant réciter chaque verbe dans tous les modes,
temps et personnes, employés dans une phrase
complète.

On emploierait pour ces enfans des phrases à
leur portée, et dont le style serait fait pour eux.

On leur ferait apprendre de mémoire, comme
délassement, des petites fables, des petits contes,
des petites historiettes, sur lesquels on raison-

nerait avec eux, et au moyen desquels on cher-
cherait à exercer leur entendement , à former
leur cœur et leur esprit.

Les enfans seraient ainsi soignés et instruits
jusqu'à l'âge de sept ans, sans avoir appris, il est
vrai , ni à lire ni à écrire ; mais ils parleraient
aussi purement que les personnes qui fréquen-
tent les sociétés les mieux choisies.

Dans la seconde maison seraient reçus les enfans de sept ans jusqu'à seize ; les dortoirs seraient
grands , bien aérés ; rien ne devrait manquer à
cette maison pour la commodité d'un pensionnat
ou d'une institution.

Là, les élèves de sept ans y apprendraient à lire
et à écrire en moins de deux mois, au moyen
1º d'une machine de mon invention , à laquelle
j'ai donné le nom d'Euzébienne mnémonique ;
2º de mon cours de lecture mnémonique. En
moins d'un an les élèves sauraient lire , écrire ,
calculer ; ils connaîtraient aussi parfaitement la
grammaire de la langue qu'ils auraient appris à
bien parler , et deviendraient capables de suivre
avantageusement la sixième dans un collége , après
avoir suivi quatre mois ma méthode latine dont
je parlerai , si toutefois on était forcé de faire
suivre aux élèves les classes du collége.

C'est ainsi que l'on partirait du connu pour
arriver facilement à l'inconnu , et que pour le

français on partirait du bien parler à l'explication des règles pour démontrer aux élèves la différence des bonnes d'avec les mauvaises locutions; et on n'enseignerait pas les règles du parler avant que l'on sût bien s'exprimer dans sa langue.

Les premiers pas de l'enfance ainsi guidés, les enfans ainsi élevés dès le bas âge, seraient non-seulement porteurs d'une bonne santé, seraient robustes; mais encore ils feraient des prodiges dans leurs études; tous autres élèves ne pourraient leur être comparés; ils apprendraient tout avec facilité; ils n'auraient jamais rencontré d'épines dans leur marche rapide et droite; et sans aucune peine, sans chagrin ils cueilleraient les roses.

Dans ce second établissement on enseignerait tout ce qui s'enseigne ou tout ce qui doit s'enseigner dans les meilleures pensions, institutions et colléges. 1º L'art de bien parler par le fait; 2º de bien écrire et de bien lire; 3º d'acquérir une belle et bonne prononciation; 4º l'orthographe d'usage et de principe; 5º la grammaire dans toute sa pureté; 6º toutes les langues vivantes; 7º les mathématiques; 8º l'histoire; 9º la géographie; 10º le latin et le grec; 11º la rhétorique; 12º la logique; 13º la métaphysique; 14º la morale, etc.

Tous les arts d'agrémens seraient enseignés

2

dans cet établissement, dans toute leur perfection ;
on exercerait le corps des élèves dans la gymnas-
tique pour leur donner santé et vigueur. Il y
aurait une école de natation ; et enfin des leçons
d'équitation et d'escrime y seraient données par
les meilleurs maîtres.

Ceux qui, avant l'âge de seize ans, auraient fini
leurs études dans le deuxième établissement,
pourraient être conduits, à l'heure des cours, dans
le troisième établissement dont je vais parler.

Dans la troisième maison seraient reçus les
élèves de moins de seize ans, qui auraient suivi
les leçons données dans la deuxième maison ;
seraient reçus pareillement tous les élèves âgés
de seize ans qui n'auraient point été admis dans
le deuxième établissement , soit qu'ils aient appris
ou non la langue française , soit qu'ils aient appris ou non le français et le grec , etc.

On enseignerait dans ce troisième établissement
les langues vivantes dans toute leur perfection, et
par les méthodes dont je parlerai. On y enseignerait la tenue des livres, les changes, les arbitrages, la rédaction des promesses, billets, lettres
de change, la rédaction de toutes les conventions
et compromis. Les élèves feraient entre eux des
opérations fictives de commerce ; ils se condui-
raient en parfaits négocians. On leur ferait connaître tous les jours le cours de la bourse ; il y

aurait un lieu désigné dans la maison où ils s'assembleraient, comme à la bourse de la capitale, à des heures fixes.

Dans cet établissement, on montrerait les arts, on enseignerait les sciences. Des cours de mathématiques seraient ouverts, ainsi que des cours de mécanique. On y ouvrirait aussi des cours de déclamation, des cours de jurisprudence commerciale. On expliquerait et on enseignerait, avec un grand soin, les lois sur le commerce : outre les lois sur les faillites, on traiterait de tout ce qui a rapport aux cessions et aux séparations de biens. On établirait une bazoche, les élèves seraient tantôt demandeurs, tantôt défendeurs, tantôt agréés, tantôt juges : les plus belles causes commerciales qui auraient été plaidées devant les tribunaux, seraient aussi plaidées de nouveau dans cet établissement *ex professo*.

Par suite les disciples sauraient un jour défendre leurs intérêts commerciaux soit en demandant, soit en défendant ; ils pourraient devenir juges au tribunal de commerce ; ils y rendraient alors des sentences qui montreraient leur savoir, leur justice dans les causes qui leur seraient soumises : des cours d'anatomie, de physiologie, d'hygiène ; des cours de physique, des cours de botanique, des cours d'histoire naturelle dans toute son étendue, seraient ouverts ; enfin, des cours de chimie appliquée aux arts, et notamment aux teintures en grand et bon teint sur la soie, fil, laine et coton.

Les couleurs seraient faites en présence des élèves, en même temps que l'explication leur serait donnée ; toutes les opérations et conduites des cuves à froid, des cuves d'inde, des cuves de pastel, seraient aussi enseignées. Les teintures les plus difficiles, telles que le rouge d'Andrinople sur coton, seraient enseignées à la perfection ; ainsi que les beaux noirs, sur les quatre substances dont j'ai parlé. Les élèves exerceraient eux-mêmes ; le professeur ayant soin de prendre pour aide chaque élève l'un après l'autre.

On enseignerait la composition et la décomposition de tous les acides, de tous les sels naturels et d'un produit factice : toutes les substances en épicerie, en droguerie, toutes celles de pharmacie et de teinture, seraient passées en revue. On enseignerait la chimie des métaux, celle des substances animales. On enseignerait les vernis sur métaux, sur porcelaine, sur les cuirs, etc. On ferait des cours sur tous les genres de tissus, et les élèves en sauraient en peu de temps la construction.... On ouvrirait enfin des cours de diplomatie.

Tous les arts d'agrémens seraient enseignés dans toute leur perfection et dans toute leur étendue, comme il a été dit pour le deuxième établissement.

Il serait à souhaiter, dis-je, que l'on pût former l'établissement dont je viens de parler; mais pour cela il faudrait des sommes considérables, et peut-être ne seront-elles jamais à la disposition de celui qui voudrait mettre à exécution une aussi belle entreprise.

En attendant, cherchons les moyens les plus efficaces pour parvenir à enseigner la jeunesse promptement, utilement, agréablement, et en peu de temps.

Je diviserai en cinq parties ce que j'ai à dire sur l'instruction, sur mes méthodes et leur enseignement.

Dans la première division, je parlerai de l'instruction des enfans mâles appartenant à la classe la plus aisée de la société.

Dans la deuxième division, je parlerai de l'instruction des demoiselles ayant des parens fortunés.

Dans la troisième division, de l'instruction des enfans que les parens destinent au négoce.

Dans la quatrième, des enfans d'artisans.

Et dans la cinquième, des filles d'artisans.

De l'instruction des enfans qui doivent occuper les premières places dans la société, et de celle des enfans dont les parens riches désirent que leurs enfans soient pourvus.

NE pouvant enseigner les enfans à bien parler dès le bas âge, les établissemens que je désirerais voir former n'existant point, je conseillerai aux parens de n'envoyer leurs enfans, même dans de bons externats, dans de bonnes pensions ou institutions, que lorsqu'ils auraient atteint l'âge de sept ans au moins. Il faudrait que ces mêmes parens fissent leurs efforts pour que leurs enfans parlassent le plus purement possible leur langue maternelle sans leur faire apprendre à lire et à écrire. Enfin, il faudrait qu'ils fissent, si cela était possible, ainsi et comme je l'ai dit en parlant de l'instruction qui devrait être donnée aux élèves qui fréquenteraient le deuxième établissement.

Je conseillerais aux maîtres qui recevraient les enfans de sept à huit ans, qu'ils sachent ou non lire, qu'ils aient appris ou non la grammaire française, de leur enseigner, 1° à bien parler au moyen de mes conjugaisons en conversations, qui formeront la deuxième et la troisième partie de cet ouvrage ; 2° de leur apprendre ensuite à lire et écrire en même temps, suivant la méthode contenue dans mon cours de lecture mnémonique ; 3° de ne leur mettre aucune grammaire entre les mains qu'ils ne parlassent purement la langue française par pratique.

Quand les enfans sauraient purement parler, on mettrait entre leurs mains la grammaire qui fera suite à cet ouvrage ; 4° on leur enseignerait tout ce qui a été expliqué pour le deuxième établissement ; mais bien prendre garde de ne leur enseigner aucune langue vivante ou morte, que quand le maître se serait convaincu que l'élève sait parfaitement sa langue maternelle ; car, si l'élève n'était pas enseigné dans sa langue primitivement, il aurait beaucoup à faire pour suivre ses études ; l'ennui et le dégoût arrêteraient ses progrès ; son intelligence ne serait point assez développée, et il emploierait dix ans pour apprendre ce qu'il aurait pu savoir en trois par mes méthodes.

Il est à examiner que les enfans qui, jusqu'à ce jour, sont sortis des colléges sans avoir primitivement appris leur langue maternelle, ne savent ni français ni latin après quelques années, s'ils n'ont fait que leur quatrième.

Je vais, par quelques exemples, décrire mes méthodes ; 1° pour la lecture ; 2° pour les langues française et étrangères, et enfin pour le latin et le grec.

Ma méthode de lecture (Cours de lecture mnémonique) fut par moi inventée en 1818, et imprimée dans le mois de janvier 1821. C'est une découverte à laquelle jamais personne n'a pensé : j'ai enseigné à lire par cette méthode à plus de quatre cents enfans en moins de deux mois. Le fils de M. Thomines, libraire, rue St-André-des-Arts, à Paris, a su lire, par ma méthode, en trente-cinq leçons. Mme Thomines a elle-même enseigné à lire à sa demoiselle, âgée de quatre ans et six mois, en trente leçons ; des hommes faits ont su lire en vingt leçons.

Voici en quoi consiste ma méthode de lecture : j'ai banni l'épellation ; c'est un exercice mensonger, difficile pour les maîtres à enseigner, et rebutant et ennuyeux pour les élèves. Le maître qui enseigne à lire par l'épellation, ne peut faire lire qu'un élève à la fois, et pendant qu'il ennuie, qu'il fait pleurer et qu'il rebute celui qu'il fait lire, il condamne les autres à avoir les yeux fixés chacun sur un livre qu'ils n'entendent pas, qu'ils ne peuvent entendre, et sur lequel ils ne voient autre chose que du blanc et du noir. Ces maîtres ordonnent d'étudier ce que ces malheureuses victimes de leur extravagance ne conçoivent même pas.

N'y a-t-il rien de plus absurde que de nommer les lettres à un enfant ? le nom donné aux lettres, en montrant à lire, n'empêche-t-il pas d'apprendre cet art ?

Les lettres, les sons composés, les syllabes, les mots, ont-ils la même prononciation que le mot composé ou désuni par l'épellation ? non, sans doute, la prononciation par l'épellation est monstrueuse. Je vais en donner un exemple par les deux mots, *Castor*, *Architecte.*

Epelons et jouissons de ce plaisir barbare pour sans doute la dernière fois.

Cé, *á*, *esse*, *casse* ; *té*, *ó*, *erre*, *tor*, *castor*. Rassemblons toute cette jolie épellation, et nous aurons, au lieu de *castor*, le joli mot *céáessetéôerre*. Passons au mot *Architecte.*

On épelle ainsi, *á*, *erre*, *ar* ; *cé*, *hache*, *i*, *chi*, *archi* ; *té*, *é*, *cé*, *tec*, *architec* ; *té*, *é*, *te*, *architecte*. Voici le joli mot que produit l'agréable ponctuation : *áerrearcéhacheichiarchitéécétectééte.*

Voilà une leçon bien agréable, bien récréative pour un enfant qui ne pense qu'à jouer ; aussi, pleure-t-il ! pleure-t-il ! pour apprendre de si belles choses.

Voici comme j'enseigne la lecture de ces deux mots. Et dans le même moment, non-seulement les enfans savent pour toujours les deux mots

Castor, *Architecte* ; mais encore ils reconnaissent
dans tous les livres les syllabes et les sons articulés de mes deux dernières lignes. J'ai fait des-
siner un *Castor* : sous ce dessin j'ai fait imprimer
trois fois les mots *Castor*, *Architecte*, la première
en mots entiers, la deuxième en syllabes, suivant
ma division; et la troisième en sons articulés et
séparés de leurs articulations.

castor architecte,

ca stor   ar chi tec te.

c-a st-or   ar ch-i t-ec t-e.

Voici comme j'opère pour ces trois lignes; je
lis et fais lire aux élèves la première ligne, *castor*
architecte, jusqu'à ce qu'ils sachent distinguer
chacun des deux mots, et qu'en les prononçant ils
me les montrent du doigt l'un après l'autre. Je passe
à la seconde ligne : je fais prononcer à l'élève
chaque syllabe l'une après l'antre, et je ne le fais
quitter la première ligne qu'il ne sache distinguer et prononcer chaque syllabe qu'elle contient
en intervertissant l'ordre de l'impression dans
tous les sens. Je passe à la troisième ligne, je la
fais lire ainsi qu'il suit.

La consonne n'ayant un son, ou ne se prononçant que quand elle est suivie d'un son simple

ou composé, je fais lire en prononçant le son le premier, en articulant ensuite ce son ; exemple : *ă*, *ca* ; *or*, *stor*, *ca-stor* ; on prononce ces deux syllabes, en faisant traîner la prononciation de l'articulation pour arriver au son articulé : voici pour le premier mot. Passons au deuxième. *ar*, *ar* ; *i*, *chi* ; *ec*, *tec* ; *e*, *te* ; *ar chi tec te*. Je ne sors pas de cette ligne que l'élève ne connaisse parfaitement tous les sons articulés ou inarticulés qui composent cette dernière ligne.

J'invite l'élève à me faire voir *ă*, *ca*, il me montre le son *ă*, il revient sur le *c*, et glissant du *c* au son *a*, il me dira eu traînant *ca* ; il me fait voir ensuite et prononce *ca* à la deuxième ligne : enfin il me fait voir le mot entier *Castor* à la première ligne et le prononce. Je lui demande à me faire voir *or*, *stor*. Il vient sur le son *or*, et me dit *or*, il rétrograde à gauche sous les articulations *st*, et prononce *stor* en traînant et glissant des articulations *st* sous le son *or* ; il vient à la deuxième ligne ; il prononce *stor*, il monte à la première ligne, il me fait voir et prononce *Castor*. Les mêmes exercices pour *Architecte*. On ne saurait croire combien ces exercices amusent les enfans et leur enseignent à lire agréablement et promptement.

J'invite le lecteur à voir mon *Cours de lecture mnémonique* ; il jugera des motifs qui m'ont engagé à livrer ma méthode au public.

J'ajouterai seulement en passant, que je fais lire aux enfans en même temps ou sur des tableaux contenant des sons articulés ou en syllabes, l'histoire des reptiles, ou sur un livre contenant l'histoire des animaux, dont je me sers des dessins pour faire lire, ainsi que je l'ai expliqué.

Ces histoires sont imprimées en sons articulés, en syllabes et en mots entiers. L'élève, dans la même séance, entend lire soixante fois la même histoire ainsi imprimée: seraient-ils cent ou plus, tous suivent en même temps et sur chacun un livre, ce qu'un d'eux lit.

L'élève qui sait un peu tient la main du commençant, et le fait suivre régulièrement ce qu'il lit ou ce qu'il entend lire, soit en sons articulés, soit en syllabes, soit en mots entiers. Au bout de huit jours le nouvel élève peut suivre seul les sons articulés, les syllabes et les mots entiers, qu'on lit ou qu'on lui fait lire, sans qu'on lui tienne ou qu'on lui fasse mouvoir la main. Huit jours après il sait lire les sons articulés; dans la troisième huitaine, il sait lire passablement les sons articulés et les syllabes; et à la trentième leçon, il commence à lire les mots entiers de l'histoire qu'il a su lire en sons articulés et en syllabes.

Il ne faut jamais faire lire un son à un commençant, qu'il ne le lise dans un mot sur lequel il fixe sa vue, et dans lequel il fixe particulière-ment le son prononcé ; il ne faut point lui faire lire un mot que ce mot ne soit placé dans une phrase qui ait un sens. Le sens l'amènera à de-viner, pour ainsi dire, les mots ; la vue accou-tumée à les voir, ainsi que leur décomposition , les transmettront à la mémoire, qui sera enfin fixée soit par la vue soit par l'ouie.

Quand un élève suit ce qu'un autre lit, il est sur le point de lire lui-même ; il connaît déjà par la vue, par l'oreille, par l'esprit ; il n'y a que la mémoire qui n'est pas encore assurée. Il en arrive ainsi dans toutes les circonstances de la vie, la mémoire est atteinte la dernière.

Si vous prononcez un mot quelconque dans une phrase qu'un commençant a suivie ; si la vue et l'ouie sont atteints, il vous montrera de suite ce mot ; mais il ne pourra lire seul la ligne ou le mot un à un qui la compose, que quand sa mé-moire sera fixée.

Passons maintenant à l'enseignement du bien parler au moyen de mes conjugaisons en conver-sations. J'observerai que dans ces conjugaisons sont toutes les difficultés de la langue française ; que c'est une source féconde où peuvent puiser ceux qui savent passablement leur langue, comme ceux qui ne la savent pas du tout ; les uns et les

autres , quand ils seront embarrassés , trouveront
facilement les objets de leurs sollicitudes. Chaque
phrase ou chaque difficulté est renvoyée, par un
numéro d'ordre, à la fin de la deuxième partie,
où se trouvent toutes les différences de la bonne
d'avec la mauvaise locution.

Pour apprendre soi-même à parler purement
la langue française , ou pour l'enseigner aux grandes personnes comme aux enfans , on s'y prendra
de la manière suivante :

La personne qui apprendra sans maître ou sans
aide lira, 1° mes conjugaisons en conversations
l'une après l'autre ; il cherchera ensuite à écrire
de mémoire , le livre fermé, les conjugaisons
qu'il aura lues, et se corrigera au moyen de cet
ouvrage. Si au contraire on enseigne à une seule
personne, on lui dictera chaque conjugaison en
conversation, et à chaque phrase écrite on corrigera ses fautes, ce qui enseignera l'orthographe
d'usage. Si enfin on enseigne à plusieurs personnes
ou enfans à la fois , on les engagerait à se dicter
eux-mêmes les conjugaisons en conversations ;
chaque élève dicterait à son tour sous la sur-
veillance du maître , et on corrigerait instantané-
ment, et à la fois, toutes les fautes, quelle quantité d'élèves qu'on aurait, par les moyens dont je
vais parler. La dictée faite, chaque élève, l'un
après l'autre , prononcerait un mot à haute voix ;

il en dirait l'orthographe sans assembler chaque syllabe : par exemple, pour le mot *ouvrage*, l'élève dira *ouvrage*, *ŏ*, *u*, *v*, *r*, *ă*, *g*, *e*; il ne prononcera point *é* pour *e*, ni *ó* pour *ŏ* bref, ni *á* pour *a* bref. Il ne faut point que la prononciation des lettres monte à l'oreille, pas plus que les sons des syllabes détachées. Les élèves qui ont mal écrit doivent, par cette manière, se corriger tous à la fois. On procède ainsi pour tous les mots dictés de chaque phrase conjugative. L'orthographe du dernier mot de chaque phrase étant dictée, les élèves les plus forts désignés par le maître se lèvent, et en silence visitent les cahiers de leurs condisciples, et marquent les fautes. Le maître prend ensuite celui des élèves qui n'a pas eu l'attention de se corriger. Par ces dictées souvent répétées, l'élève parvient à connaître en peu de temps l'orthographe d'usage.

Quand on a exercé les élèves chaque année à la dictée, on les fait exercer ensuite à réciter de mémoire et d'entendement chaque conjugaison en conversation. Chacune d'elle fournira des exercices innombrables de ce genre. Par exemple : la première conjugaison, qui est composée de plus de cent phrases différentes, fournira cent constructions différentes, par suite cent exercices différens. Par exemple : *j'aime les pommes*, *tu aimes les hommes*, *etc.* J'aimais les pommes

l'année dernière, aujourd'hui je ne les aime plus...;
tu aimais les pommes l'année dernière, aujour-
d'hui tu ne les aimes plus. Il en est de même
pour tous les temps, modes et personnes des
verbes.... Je donne mon bien aux pauvres, tu
donnes ton bien aux pauvres,.... tu donnerais
ton bien aux pauvres, si tu en connaissais de bien
malheureux.

L'on voit combien cet ouvrage fournira d'exercices aux élèves, soit en écrivant par eux-mêmes,
soit en leur faisant dicter, soit enfin en leur faisant réciter et composer de mémoire. Je conseille
de leur faire observer le plus grand silence possible. Si le premier élève n'exerce pas bien, on
fait exercer le second, ainsi de suite; celui qui
dit le mieux prend à l'instant la place de celui
qui a mal dit. On récompense à la fin de la
classe celui où ceux qui ont le mieux dit. Il faut
faire en sorte, pour ne pas dégoûter les faibles,
de ne pas les laisser trop long-temps avec ceux
qui sont beaucoup plus forts qu'eux. Il faudrait
faire plusieurs classes, et les égaliser le plus
possible; mettre des élèves ensemble à peu près
de la même force.

Les conjugaisons en conversations bien sues,
et par conséquent l'élève sachant parler purement,
on lui enseignerait la distinction exacte et l'emploi
des parties du discours.

Quand les élèves sauraient parfaitement les
conjugaisons en conversation, et par conséquent
parler, on leur enseignerait la grammaire de la
langue qu'ils parlent purement, soit par mes ouvrages, soit par tous autres que l'on croirait
bons.

Lorsque les élèves sauraient distinguer toutes
les parties du discours, qu'ils auraient apprises
en peu de jours, par un petit ouvrage qui fera
suite à celui-ci, on leur donnerait la connaissance
parfaite du bon emploi des participes, par des
exercices que j'ai rédigés, très-utiles pour enseigner les bonnes locutions et les distinguer des
mauvaises, en leur en faisant sentir la différence.
Quand les élèves seraient forts sur les principes
du langage, on les occuperait à écrire souvent
des lettres de leur imagination; on leur en donnerait le sujet, et quelquefois le canevas leur en
serait tracé. On leur ferait faire quelques petites
narrations, des analyses, des amplifications; on les
exercerait enfin sur tous les genres de style. On
enseignerait à ceux qui ne suivraient pas les cours
de latin, la rhétorique, la logique, la métaphysique; enfin, la morale ou l'art de se bien con-
duire dans toutes les circonstances de la vie, ou
les moyens de savoir supporter l'adversité, comme
d'user sobrement de la fortune.

Les conjugaisons en conversation manquaient

parmi les livres classiques, pour enseigner agréablement et expéditivement l'art de bien parler la langue française.

Par les conjugaisons qui sont dans toutes les grammaires, que l'on fait réciter de mémoire aux élèves, on n'apprend rien. En effet elles ne peuvent enseigner l'emploi des temps. Le verbe est conjugué seul et aridement. Par cette ancienne, vicieuse et monotone méthode, les personnes les plus instruites sont induites en erreur, et sont pour ainsi dire entraînées à faire des fautes grossières, surtout dans le parler. Les personnes les moins studieuses, avec mes conjugaisons rédigées en conversations, s'occuperont à corriger leur langage et leurs écrits ; et sans s'en apercevoir, elles auront, en peu de temps, acquises une facilité beaucoup plus grande pour la bonne composition.

Pour enseigner les langues étrangères à celui qui connaît la sienne, on s'y prendrait de la manière suivante : supposant que ce fût la langue anglaise, chaque élève aurait un livre devant soi ; le maître aurait d'abord le soin de les faire lire les uns après les autres, pour leur donner peu à peu la bonne prononciation.

Ou se servirait d'un ouvrage facile, et dont le style serait agréable par une narration de choses connues et intéressantes. Chaque élève copierait, par exemple et sans inversion, la première phrase. Cette opération faite, le maître dicterait et ferait écrire le mot français qui y correspond, ainsi qu'il suit :

The accounts   *i*   *received from*
Les   récits   j'ai   reçus   de
M. your   *tutor at Oxford*, *of*
M. votre tuteur d'Oxford   sur
your conduct and capacity, *give me*
votre conduite et   capacité donne moi
equal pleasure, *both*   *as*   *a father*
égal   plaisir   tant comme un   père
and   *as*   *a*   *man.*
que comme un homme.

Le maître ferait retourner le cahier de chaque élève ; et demanderait au premier comment il rendrait en français le mot anglais *the*, l'élève répondrait *le* ou *les* ; s'il ne disait pas bien, on demanderait au second, ainsi de suite, jusqu'à ce que quelqu'un eût bien dit. Si ce sont des enfans, pour exciter l'émulation, on ferait prendre, par gradation, à celui qui dirait bien la place de celui qui dirait mal. Si aucun des élèves ne peut répondre, le maître les tirerait d'embarras, et ferait répéter à tous le mot anglais, et sa traduction en français. On passerait ainsi en revue tous les mots anglais jusqu'à ce que tous les élèves pussent, de mémoire, donner en français la signification de chaque mot anglais composant la phrase dictée.

Cet exercice fait, le maître demanderait au premier élève comment il traduirait en anglais ces deux mots *les récits*, l'élève devrait répondre *the accounts*. On passerait ensuite en revue chaque mot français dicté par le maître, par le mot anglais qui y correspond. Enfin, on ferait des questions aux élèves jusqu'à ce qu'ils pussent tous traduire, soit chaque mot français en anglais, soit chaque mot anglais en français.

Tous les mots étant bien sus, bien rendus et bien prononcés, le maître dicterait aux élèves, sur un cahier à part, le bon français de la phrase anglaise, objet de la leçon, mais de manière à pouvoir réemployer les mêmes mots anglais pour la rendre parfaitement en cette langue, et conforme à celle qui a été copiée du livre dans le premier cahier. Il faudrait surtout que le maître eût soin que les élèves n'eussent dans les mains aucun dictionnaire. Par exemple :

Les récits que j'ai reçus de M. votre instituteur d'Oxford, sur votre conduite et capacité, me donnent un plaisir égal, tant en ma qualité de père que comme homme.

The accounts i received from M. your tutor at Oxford, of your conduct and capacity give me equal pleasure, both as a father and as a man.

Les élèves chercheraient à rendre en bon anglais la phrase française, sans avoir leur premier cahier sous les yeux. Ceux qui auraient fait des fautes se corrigeraient ensuite, soit en voyant leur cahier, soit en entendant le maître prononcer la phrase anglaise.

On exercerait ainsi pour chaque phrase anglaise pendant le temps de la leçon.

Le maître anglais donnerait ensuite de vive voix des phrases anglaises courtes et d'une conversation agréable ; il ferait surtout attention de ne point faire exercer sur la nomenclature des mots, et de ne jamais exercer sur des mots anglais, qu'il n'ait dicté une phrase complète, dans laquelle les mots, dont il demande ensuite la signification, soient compris.

Après avoir dicté une phrase anglaise d'une conversation familière et agréable, il dicterait chaque mot français correspondant à l'anglais, toujours sans déconstruire l'anglais. L'exercice sur ces petites phrases pourrait se faire de vive voix. Dans toutes les circonstances, avant de passer à d'autres phrases, le maître s'assurerait si chaque élève sait bien et imperturbablement ce que chaque mot anglais de la phrase sur laquelle on exercerait, signifie en français, et comment chaque mot français de la même phrase se rendrait en anglais. Je recommanderais à ceux qui ensei-

gnent les langues étrangères, de ne jamais déconstruire la langue enseignée, de faire en sorte
de mettre sous chaque mot étranger le mot de la
langue maternelle qui y correspond, et de ne
jamais faire prononcer à haute voix le mot de la
langue connue, mais bien celui de la langue qu'on
enseigne ; parce qu'il est impossible d'apprendre
la bonne prononciation d'une langue étrangère, si
l'on prononce des mots de la sienne peu avant
ou peu après les mots de la langue étrangère.

Au moyen des exercices dont je viens de
parler, on traduira en peu de jours ; on saura
beaucoup de mots anglais, et on pourra com-
mencer à converser purement en anglais, sous la
présidence du maître.

Lorsque le maître est sûr que ses élèves tra-
duisent parfaitement l'anglais, que le français
parle bien et purement cette langue, il lui met
alors dans les mains, et sans danger, la grammaire anglaise, et lui en enseigne les règles avec
facilité ; peu de leçons suffisent alors, et en
moins de quatre mois on a parfaitement appris
l'anglais sans peine et agréablement.

Si l'on se trouve dans un pays étranger, je sup-
pose en Angleterre, on se rend alors dans les
meilleures sociétés anglaises ; on évite les Français ou toutes autres personnes ne parlant point

purement l'anglais. On apprend par la conversation à bien parler.

Il en est de même de toutes les autres langues vivantes. Que l'on se pénètre bien que pour apprendre une langue étrangère, il faut savoir parfaitement la sienne ; qu'ensuite il faut être parvenu à parler purement, par pratique, une langue étrangère quelconque, avant d'ouvrir aucune grammaire, avant de s'instruire du génie de cette langue et des principes qui la constituent.

Les étrangers apprendraient la langue française par les mêmes moyens que nous Français apprendrions l'anglais d'après ma méthode. J'ajouterai cependant, que lorsqu'on commencera à entendre une langue étrangère et à un peu la parler, il serait bien que le maître rédigeât des conjugaisons en conversations, comme je le fais pour apprendre à un Français sa langue maternelle ; et ces conjugaisons seraient grandement utiles pour exercer les élèves, pour leur enseigner surtout le bien parler des langues qui ont des conjugaisons irrégulières et difficiles, comme le français, l'allemand, l'espagnol, l'italien, etc.

Les langues mortes s'enseignent partout contre l'évidence ; on met des grammaires dans les mains des élèves ; on veut leur enseigner les règles d'une langue qui ne se parle plus, et dont ils n'entendent pas un seul mot. On leur donne des

phrases françaises pour, à l'aide du rudiment ou
grammaire latine, et du dictionnaire, les rendre
en un latin barbare. On met dans leurs mains un
auteur latin, que l'on veut qu'ils déconstruisent
à la française pour le rendre ensuite en bon français. A quoi vous réduisent ces monstrueuses
méthodes, malheureux enfans ! elles vous livrent
aux dégoûts d'un travail aride, monotone, qui
vous fait abhorrer l'étude en vous livrant à vos
propres forces. On vous fait passer plusieurs
heures pour faire ou une mauvaise version, ou un
mauvais thême. Et si au commencement d'une
version vous avez fait un contre-sens, tout le
reste de votre travail s'ensuit. Par ces méthodes,
il vous faut dix ans pour traduire passablement
les auteurs latins ou grecs, et souvent même
vous ne pouvez y parvenir. Pour les thêmes, il
vous est impossible d'en construire qu'en mauvais latin ; tandis qu'avec mes méthodes vous
pouvez traduire tous les auteurs latins en moins
de trois ans, et faire les meilleurs thêmes possibles. Elles ont encore le précieux avantage de
donner la facilité à un maître d'enseigner à la
fois quatre cents élèves ; tandis qu'avec les méthodes connues un maître a trop même de quarante élèves. Par mes méthodes on emploie moins
de temps pour apprendre, il faut moins de maîtres ; enfin, l'élève apprend facilement et agréa-

blement ce qui était ennuyeux, désagréable et difficile à apprendre et à enseigner.

Les langues mortes ne pouvant se parler, et ayant des désinences, des cas, on s'y prendrait de la manière suivante pour les enseigner : point de dictionnaires, point de grammaires pour enseigner le latin et le grec ; ils ne doivent être mis dans les mains des élèves que quand ils savent parfaitement entendre tous les auteurs latins. Le maître doit être le dictionnaire de l'élève. Il ne faut point les exercer sur l'*Epitome historiæ sacræ*, *etc.*, parce que ce livre renferme un mauvais latin dont il faut éloigner toute connaissance aux élèves.

Prenons une phrase du *De viris*. Les élèves écriraient le latin tel qu'il est dans le texte, sans le déconstruire, sous la dictée d'un maître ; ils écriraient pareillement le mot français qui y correspond. Pour le premier mot latin, le français étant donné et écrit, les trois premiers élèves répéteraient le mot latin et le mot français qui y correspond ; pour le second mot latin, le mot français étant dicté et écrit sous le latin, les trois élèves suivans répéteraient le deuxième mot latin et le mot français qui y correspond ; on exerce ainsi jusqu'à ce que, pour chaque mot latin, le mot français qui y correspond, soit écrit.

Inter　　　hæc　　　Asdrubal Italiam
Pendant ces choses Asdrubal en Italie
ingressus quatuor equites cum litteris
étant entré quatre cavaliers avec des lettres
ad Annibalem misit : qui capti ad
à Annibal envoya : lesquels arrêtés à
Neronem sunt perducti.
Néron sont conduits.

Cet exercice achevé, on ne passera pas à une
autre phrase sans avoir fait les exercices suivans :
Le maître fait retourner les cahiers, et exerce
sur cette phrase comme je l'ai décrit pour l'anglais, page 35.

Le maître demanderait au premier élève ce que
signifie *inter* en français, il dirait *pendant ;* et il
demanderait au second comment il rendrait en
français le mot latin *hæc*, il répondrait ces
choses, *res* sous-entendu.... On exercerait ainsi
pour tous les mots latins de la phrase donnée,
ayant bien soin, pour donner de l'émulation aux
élèves, de donner à l'élève qui dirait bien la
place de celui qui dirait mal, si cette place était
inférieure.

Quand les élèves sauraient rendre en français
chaque mot latin de la phrase donnée ; quand ils
sauraient ensuite mettre en latin chaque mot
français correspondant à la phrase latine sur

laquelle on aurait exercé ; on leur dicterait alors, sur un cahier à part, le meilleur français possible de la même phrase, cependant de manière à réemployer les mêmes mots latins du texte, ainsi qu'il suit :

Pendant que ces choses se passaient, Asdrubal étant entré en Italie, envoya à Annibal quatre cavaliers avec des lettres : ces hommes arrêtés sont conduits à Néron.

Le maître inviterait les élèves à mettre en bon latin la phrase dictée, ayant soin qu'ils ne copiassent point leur cahier de latin, mais qu'ils travaillassent de mémoire, et ce sans voir le premier cahier d'exercice latin.

Inter hæc Asdrubal Italiam ingressus, quatuor equites cum litteris ad Annibalem misit : qui capti ad Neronem sunt perducti.

Celui des élèves qui aura le mieux rendu la phrase française en latin passera le premier. Tous ceux qui auraient mal fait se corrigeraient de suite en prenant l'auteur ; ceux qui ne se seraient pas corrigés passeraient les derniers, et seraient en outre punis par des *pinsum* ou des privations.

Les deux exercices dont je viens de parler étant finis, on ferait décliner aux élèves, l'un après l'autre, chacun un cas de chaque substantif et adjectif, jusqu'à ce qu'on aurait rencontré le cas employé dans la phrase. Par exemple : le premier dirait *Italia*, l'Italie ; le deuxième, *Italiæ*, de l'Italie ; le troisième, *Italiæ* , à l'Italie ; le quatrième, *Italiam*, l'Italie. Il en serait de même de tous les substantifs et adjectifs, jusqu'à ce qu'on eût rencontré le cas auquel ils ont été mis dans la même phrase. Quand un adjectif et un substantif s'accorderaient ensemble , seraient liés par le sens, seraient au même cas, on les déclinerait ensemble. Tous les substantifs et les adjectifs de la phrase , passés en revue, on conjuguerait tous les verbes qui sont dans la même phrase, les uns après les autres, jusqu'à ce qu'on eût rencontré le temps et la personne employés pour chacun de ces mêmes verbes.

Quand le verbe à conjuguer est un verbe principal , on le conjugue avec la phrase entière , ou on conjugue le membre de phrase dans lequel il est placé , jusqu'à ce qu'on ait rencontré le temps et la personne employés, toujours sans déconstruire le latin.

Par exemple , le premier élève dirait :

Quatuor equites cum litteris ad Annibalem mitto.

J'envoie à Annibal quatre cavaliers avec des lettres.

Le deuxième élève dirait :

Quatuor equites cum litteris ad Annibalem mittis.

Tu envoies à Annibal quatre cavaliers avec des lettres, etc. etc., jusqu'à la troisième personne de l'indicatif pluriel, qui serait exercée par le sixième élève.

Le septième dirait :

Quatuor equites cum litteris ad Annibalem mittebam.

J'envoyais à Annibal quatre cavaliers avec des lettres, etc. etc., jusqu'à la troisième personne du pluriel, qui serait exercée par le douzième élève.

Quatuor equites cum litteris ad Annibalem mittebant.

Ils envoyaient à Annibal quatre cavaliers avec des lettres.

Le treizième dirait :

Quatuor equites cum litteris ad Annibalem misi.

J'ai envoyé ou j'envoyai (hier) quatre cavaliers avec des lettres.

Le quatorzième dirait :

Quatuor equites cum litteris ad Annibalem misisti.

Tu as envoyé à Annibal quatre cavaliers avec des lettres.

Enfin, le quinzième dirait :

Quatuor equites cum litteris ad Annibalem misit.

Il envoya à Annibal quatre cavaliers avec des lettres.

On exercerait ainsi sur tous les auteurs latins, tant en prose qu'en vers, et l'on se convaincrait que l'élève, en moins de trois ans, traduirait à livre ouvert les auteurs latins les plus difficiles, et ferait de meilleurs thêmes que jamais on n'en a faits.

Quand les élèves seraient un peu forts, on changerait quelques mots des phrases françaises qui devraient être traduites en bon latin; on leur dirait, s'ils ne savaient pas, les mots latins représentant les mots français changés; mais on ne leur dirait ni le cas si c'était un substantif ou un adjectif, ni le temps si c'était un verbe. Ils feraient donc des thêmes avec sécurité, et les feraient très-bons.

Comme on le voit par cette méthode latine, l'enfant qui commence profiterait des leçons du maître, et n'arrêterait en aucune manière celui des élèves qui en saurait plus que lui, et les nuances de force de chaque élève ne gêneraient point les maîtres.

En moins de trois ans, les élèves traduiraient, à livre ouvert, les auteurs latin les plus difficiles; ils sauraient par suite faire de bons thêmes. Enfin, trois mois d'étude suffiraient alors pour connaître parfaitement la grammaire latine.

Quelle différence de cette méthode à l'ancienne! par cette dernière un maître ne pouvait enseigner que des élèves de la même force, et par suite fort peu d'élèves à la fois ; par la mienne, un seul maître peut en enseigner plus de quatre cents. Par les anciennes méthodes latines on voulait que les élèves devinassent et inventassent le latin ; on exigeait qu'ils fissent des thêmes, et quels thêmes, grands dieux ! on voulait qu'ils fissent des thêmes et des versions avec un dictionnaire et une grammaire : quelle absurdité !

Telles sont mes méthodes pour enseigner les langues vivantes et mortes. Que je serais heureux si ces faibles essais pouvaient être un jour adoptés dans les pensions, dans les institutions et colléges !

Les maîtres auraient moins de peines et plus de satisfaction, et les élèves apprendraient avec plaisir, et en peu de temps, ce qui nous a coûté à tous tant de peines, tant de soins, tant de pleurs et tant de châtimens.

Enfin, on enseignerait aux élèves tout ce dont j'ai parlé pages 17 et 18, en parlant du deuxième établissement que je désirerais voir former.

DEUXIÈME DIVISION.

Instruction des demoiselles dont les parens sont fortunés.

Si l'on pouvait former pour elles un pensionnat du bas âge comme pour les garçons, on s'en

trouverait bien ; les demoiselles seraient instruites
à bien parler jusqu'à l'âge de sept ans, ainsi que
je l'ai expliqué pour les garçons ; elles posséde-
raient une santé parfaite ; elles seraient fortes et
robustes , et la génération future vaudrait certainement mieux que la nôtre. Si cet établissement ne peut se former, on s'y prendrait comme
pour les garçons ; pour leur enseigner leur langue
maternelle, on les exercerait sur mes conjugaisons
en conversation; on leur enseignerait ensuite ,
par mes méthodes , à lire , à écrire et à calculer;
on leur enseignerait l'histoire , la géographie , les
langues vivantes dans toute leur perfection ; on
leur enseignerait tous les genres de style, la logique , la métaphysique et la morale ; on leur enseignerait enfin tous les ouvrages à l'aiguille.

Les arts d'agrément ne seraient point oubliés.
La danse , le dessin , la musique , toutes ces connaissances seraient suffisantes pour l'instruction
des demoiselles dont les parens sont fortunés.

TROISIÈME DIVISION.

*Instruction de l'enfant que l'on destine au com-
merce.*

On lui enseignerait tout ce qui est compris
dans ce que j'ai dit pages 18 , 19 et 20, sur le

troisième établissement que je désirerais voir former dans la capitale. On ne lui enseignerait point les langues mortes.

QUATRIÈME DIVISION.

Instruction de l'enfant d'artisan.

Passons maintenant à l'éducation du fils de l'artisan ; livrons-lui de bonne heure son enfant instruit suffisamment pour faire le bonheur de ses parens, soit par sa bonne conduite, soit par son savoir, soit par son aptitude aux travaux de son père ; enseignons-lui surtout l'amour de la religion, le respect et une obéissance passive aux volontés des auteurs de ses jours, et un amour et une fidélité inaltérable pour le chef du gouvernement et pour sa famille. On ne recevrait point d'élève qu'il n'ait au moins sept ans. On donnera des leçons le soir aux enfans d'artisans et aux artisans eux-mêmes, forcés de travailler toute la journée. On donnera même deux heures de leçons le dimanche, après être revenus de la messe.

On commencerait à leur enseigner à parler le plus purement possible par mes conjugaisons en conversation, ce qui sera l'affaire de peu de mois. On leur enseignerait à lire et à écrire d'après mon Cours de lecture mnémonique, dédié à

Sa Majesté. On leur apprendra ensuite les règles du langage, les règles de leur langue qu'ils parleraient alors passablement. On leur enseignerait aussi une ou deux langues étrangères, l'arithmétique, le dessin linéaire, etc.... la géographie, le toisé des surfaces et des solides. On leur enseignerait la mécanique, le lever-pratique des plans.

On leur donnerait une légère connaissance du droit naturel, du droit des gens, et des droits et devoirs des gouvernemens les uns envers les autres. On leur donnerait des notions sur les conventions entre particuliers, entre marchands et négocians ; ils assisteraient au cours de jurisprudence commerciale.

On leur enseignerait la chimie appliquée aux arts, aux sciences, notamment aux teintures en soie, fil, laine et coton ; on leur enseignerait la connaissance de tous les genres de tissus.

On leur enseignerait la tenue des livres, les changes, les arbitrages, etc.

Voilà pour l'instruction populaire : peu de temps, avec de bonnes méthodes, suffirait pour rendre les enfans d'artisans à leurs parens et propres à leur être d'une grande utilité, soit dans leurs travaux, soit dans leur commerce.

Je me chargerais volontiers de former dans la capitale, soit l'établissement pour les élèves qui

se destinent au commerce, soit pour les artisans,
si la chose plaisait à M. le Préfet de la Seine, en
me permettant d'ouvrir, dans une salle de la Halle
aux draps, les cours nécessaires pour parvenir
au but désiré : je me chargerais de donner l'éducation secondaire, qui est une lacune considérable entre les écoles primaires et les colléges.

Mais je voudrais que ma méthode de lecture
mnémonique fût suivie dans l'école primaire qui
y est déjà établie ; je voudrais voir bannir cette
monstrueuse et mensongère épellation. En deux
mois tous les élèves, grands et petits, sauraient
lire passablement ; auraient une belle prononciation, et connaîtraient en grande partie l'orthographe d'usage par ma division des mots en syllabes et par mes sons articulés.

Je me charge de faire seul tous les cours, à
l'exception de ceux de dessin et d'écriture. On
me fixerait le nombre d'élèves qui suivraient mes
cours gratuitement ; passé ce nombre, chacun de
ceux qui l'excèderait me donnerait une rétribution.

Si ma proposition était acceptée, elle épar-
gnerait à la ville, pour cet établissement, plus
de dix mille francs de maîtres par chaque
année.

CINQUIÈME DIVISION.

Instruction des filles d'artisans.

On ne leur enseignerait qu'à lire, écrire, compter, un peu de dessin, et les travaux à l'aiguille. Deux ans au plus suffiraient pour les instruire. On ne les recevrait qu'à l'âge de huit ans.

La musique vocale pour l'église, la langue française et l'orthographe, leur seraient enseignées passablement.

Fin de la première Partie.

DEUXIÈME PARTIE.

CONJUGAISONS EN CONVERSATION.

Autant de lignes de chaque conjugaison, autant on aura d'exercices différens pour le verbe ou les verbes conjugués. Par suite chaque ligne fournira plus de cent exercices. Par exemple : Je suis prêt à partir pour Lyon ; tu es prêt à partir pour Lyon, etc.... Je suis près de l'armée et loin de tout danger ; tu es près de l'armée.... Ainsi de suite jusqu'à la fin de la conjugaison de chaque verbe. Les chiffres marquent les renvois à la fin de la troisième partie, où l'on trouve la comparaison des bonnes avec les mauvaises locutions.

INDICATIF PRÉSENT.

Je *suis prêt à* partir pour Lyon. 1.

Tu *es près de* l'armée et loin de tout danger. 2.

Sa force *n'est* rien *auprès* de celle de votre frère. 3.

Il *est* le plus instruit de sa classe, *ou* elle *est* la plus instruite....

Nous *sommes près* de succomber à nos maux. 4.

Vous *êtes auprès de* ce roi malheureux comme des amis sincères. 5.

Ils sont *sûrs* que l'ennemi est *sur* nos traces. 6. *Ou* elles sont *sûres*....

IMPARFAIT.

A mon arrivée j'*étais* tout en sueur; aussi ai-je changé de linge. 7.

Tu *étais* tout autre que je *ne* croyais quand je te vis pour la première fois. 8.

C'*était à* vous *de* faire la première visite à votre oncle. 9.

Il *était*, au collége, aussi vigilant *que* moi. 10.

Nous n'*étions* pas autrement que *nous devions* être. 11.

Vous *étiez* au cours de chimie quand cette catastrophe m'arriva.

Vous *étiez* hier, mesdames, bien colériques. 12.

Fleury et Dugazon *étaient* des *acteurs* célèbres. 13.

Ils *étaient* bien *colères* ces jeunes gens dans leur bas âge. 14.

PARFAIT DÉFINI.

Je *fus* huit jours *à la campagne* l'année dernière. 15.

Tu *fus* bien *en guignon* lorsque tu jouais à la bouillotte. 16.

Ce *fut* de toi *qu'on* me parla hier au foyer de la comédie. 17.

Il *fut* pendant toute sa vie amateur des arts libéraux.

Nous ne *fûmes* pas aussi savans *que* vos cousins, lorsque nous habitions Paris. 18.

Vous *fûtes* riche avant la guerre, mais rien auprès de votre cousin.

Ils *furent* toujours de grands gueux, de grands coquins, de grands pendards. 19.

PARFAIT INDÉFINI.

J'ai *été* long-temps à devider mon écheveau de fil; il était bien *mêlé*. 20.

Tu *as été* la victime d'une *épigramme* injuste lancée contre toi. 21.

Te semble-t-il que l'équinoxe *a été hâtif*. 22.

Elle *a été* une commère bien *ergotée*. 23.

Cet homme a *été* bien désireux qu'on lui parlât de chasser. 24.

Il *a été* plusieurs années dans une ville *florissante*. 25.

Nous *avons été* en *férie*, cette année, de bien bonne heure. 26.

Vous *avez été* toute votre vie des *gens charmans*, ou de *charmantes gens*. 27.

Vos ouvrages *ont été* de vrais *fatras*, aussi sont-ils chez l'épicier. 28.

Elles *ont été* long-temps en *campagne*, ces troupes anglaises. 29.

PASSÉ ANTÉRIEUR.

Dès que *j'eus été* trois jours dans cette ville, j'achetai deux bons *espadons*. 3o.

Aussitôt que *tu eus été* un avocat *pointilleux*, tu n'eus plus de clientelle. 31.

Dès que ta mère *eût été morte* d'une *péripneumonie*, on se partagea ses biens. 32.

Dès que *nous eûmes été instruits* dans les lettres, nous eûmes de bonnes places. 33.

Dès que *vous eûtes été morigénés* par vos professeurs, vous devîntes meilleurs. 34.

Dès qu'ils *eurent été* quelques jours dans une chambre *planchéïée*, ils n'eurent plus de douleurs. 35.

PLUSQUEPARFAIT.

J'*avais été* à la campagne trois jours, quand vous arrivâtes.

Tu *avais été* chez moi quatre jours, quand ta sœur mourut.

Il *avait été* au spectacle, avant que je me fusse habillé.

Nous *avions été* quinze jours à l'hôtel de l'Europe, quand elle brûla.

Vous *aviez été* à la ville, quad je me rendis chez
  vous.

Ils *avaient été* au muséum d'histoire naturellé,
  quand j'allai à la promenade.

CONDITIONNEL SIMPLE.

Je *serais* à la bonne *franquette* avec vous, si vous
  étiez un homme franc. 36.

Tu *serais* la plus belle *géante* de l'univers, si tu
  avais de belles jambes. 37.

Il *serait* à l'abandon, si son frère ne venait le voir
  aujourd'hui.

Nous et nos terres *serions* dans *l'abandonnement,*
  sans notre général qui a chassé l'ennemi. 38.

Vous *sériez* des saintes *nitouches*, si vous ne ve-
  niez pas au bal ce soir. 39.

Ces poules *seraient* de mauvaises *femelles*, si elles
  ne pondaient pas au moins trente œufs par
  an. 40.

CONDITIONNEL COMPOSÉ.

J'*aurais été* une personne instruite, si j'avais profité de vos leçons. 41.

Tu *aurais été* ma fille que je ne t'aurais pas aimé
  davantage ! mais je ne *le* suis pas. 42.

Il *aurait été* nous voir, si nous avions habité notre
  campagne.

Nous *aurions été* de grands coquins, si nous avions mal parlé de notre bienfaiteur.

Vous *auriez été* bien aises de nous parler entre quatre-z-yeux. 43.

Ils *auraient été* contens, s'ils avaient acheté ces livres *bon marché.* 44.

AUTREMENT.

J'*eusse été* hier pendant deux heures à votre noce, si vous eussiez été gais. 45.

Tu *eusses été*, la semaine dernière, quelques jours à la campagne sans la mort de ta mère.

Il *eût été*, l'année dernière, six mois au château, si sa mère n'eût cessé de vivre.

Nous *eussions été*, il y a trois jours, du nombre de vos *entours*, si vous n'eussiez pas eu de mauvaises gens auprès de vous. 46.

Vous *eussiez été* nos *apprenties* l'année dernière, si vous eussiez été laborieuses. 47.

Ils *eussent été* tous hier au spectacle, si vous eussiez été dans votre loge dès les sept heures.

FUTUR.

Je *serai* ce soir au rendez-vous.

Tu *seras* un bon *blanchisseur* si tu suis mes conseils. 48.

Ce pays *sera bien peuplé*, parce que les denrées
y sont à bon marché. 49.

Il *sera* toute sa vie le meilleur homme du monde.

Nous *serons superbement*, ou bien meublés à la
campagne cette année. 5o.

Vous *serez* donc moins instruits que je ne pensais !

Les aides *seront* fortes cette année.

Ils *seront* toujours les amis de la maison.

FUTUR COMPOSÉ.

Lorsque j'*aurai été* quinze jours chez vous, vous
me connaîtrez.

Tu *auras été* long-temps en prison avant que je
puisse payer pour toi.

Votre dame *aura été* délassée de ses fatigues ;
quand elle aura dormi.

Ce qui me désole, c'est que nous *avons été* long-
temps ouvriers avant d'être maîtres.

Vous *aurez été*, messieurs, plus de deux ans
députés, avant que j'aie atteint l'âge pour le
devenir.

Ils *auront été* plusieurs années à Paris avant que
je puisse les rejoindre.

IMPÉRATIF.

Sois fidèle et tu feras bien.

Qu'il *soit* humain, il aura l'esprit tranquille.

Soyez francs, vous verrez que vous serez aimés.

Soyons hommes de bien, nous acquerrons l'estime des honnêtes gens.

Qu'ils *soient* fortunés ! vous verrez qu'ils feront le bien.

SUBJONCTIF.

Il veut que *je sois* bon ; cependant il me cherche d'injustes querelles.

Je ne pense pas que tu *sois* aussi méchant que de refuser l'hospitalité à ton frère.

Il est juste qu'il *soit* prudent, puisque tout le monde cherche à le tromper.

Je doute qu'en ces lieux nous *soyons* sans crainte.

Quelque pauvres que vous *soyez*, vous passerez pour riches par vos habillemens. 51.

Quels que soient vos deux frères, vous succomberez contre ces quatre hommes. 52.

IMPARFAIT.

Il doutera demain que tu *fusses* du nombre des élèves qui auront des prix. 53.

Je doute que tu *fusses* maintenant aussi hardi que dans ton jeune âge. 53 *bis*.

Son père a défendu qu'il *fût* cette semaine dans ces lieux. 54.

Je désirais hier vainement qu'il *fût* ce matin à mes noces.

On demandait que nous *fussions* aujourd'hui à la
distribution des prix.

J'aurais voulu que vous *fussiez* actuellement ici
pour déjeûner.

J'aurais désiré que vos frères *fussent* ce soir à
l'Athénée.

Je voudrais qu'ils *fussent* toujours aussi vigilans
qu'aujourd'hui.

J'avais toujours pensé qu'ils *fussent* aujourd'hui
à la foire.

PASSÉ.

Il a fallu que j'*aïe été* dix ans chez vous pour être
devenu riche.

Il aura voulu en vain que tu *aies été* sobre, il n'a
pu gagner cela sur toi.

Il a fallu que la rue St-Martin *ait été* bien *pas-
sante*, pour que vous soyez si riche. 55.

Il aura donc désiré sans espoir que nous *ayons
été* heureux.

Il a demandé à tous vos supérieurs que vous *ayez
été* l'année dernière du corps d'armée d'Espagne.

Ils ont voulu qu'ils *aient été* depuis cinq ans
dans les carabiniers à cheval.

PLUSQUEPARFAIT.

On douterait que j'*eusse été* deux ans au collége.

J'eusse demandé hier que tu *eusses été* du repas.

J'aurais aimé qu'il *eût été* notre capitaine.

Tout le monde pensait que nous *eussions été* toute la semaine dernière à la campagne.

Je douterais que vous *eussiez été* l'année dernière aux vendanges sans l'invitation de votre oncle.

J'avais imaginé que vos bestiaux *eussent été* mieux à la campagne qu'à la ville.

INFINITIF.

Je crois *être* bientôt heureux.

J'ai pensé *être* aujourd'hui à la foire; mais je ne puis y aller.

J'aurais toujours cru *être* votre ami, je vois le contraire.

Je viens d'*être* son témoin.

Il est à *être* vigilant.

Votre frère est pour *être* heureux.

Je crois que sans *être* votre ami, je puis vous donner des conseils.

Il faudrait *avoir été* méchant pour avoir fait cette action.

Il est malade d'*avoir été* à la noce.

Il aurait voulu *avoir été* à la vogue de St-Denis.

Il est *à être* bientôt le premier de sa classe.

Pour *avoir été* courageux, il n'a pas été récompensé.

Sans avoir été votre ami, je vous ai cependant secouru.

Etant votre oncle vous devez me porter respect.

Ayant été votre maître, vous devriez vous ressouvenir de mes bontés.

Devant être votre gendre, vous ne devez point vous gêner avec moi.

On exercera les élèves sur l'infinitif, avec tous les temps et les personnes des verbes, suivant le sens que l'on veut donner aux phrases. On trouvera des modèles de ces exercices dans les conjugaisons suivantes.

Il sera bon de faire faire aux élèves plusieurs phrases de leur composition, pour leur enseigner quelques difficultés de notre langue contenues dans les lignes ci-dessous imprimées.

Si *c'était* toi ou lui qui lui apprît ou lui dît cette nouvelle. 56.

Si *c'était* vous et eux qui fussiez de cette société, vous en feriez l'ornement. 57.

Si *ç'avait été*, si *c'eût été* elles ou nous qui lui eussent conseillé cette démarche. 58.

Si *ç'avait été*, si *ç'eût été* elles ou nous qui lui eussions parlé ainsi, il nous aurait chassés. 59.

Il *aurait* fallu que vous, votre oncle et moi, eussions été quinze jours à la campagne. 60.

Il *eût* fallu que vous ou votre oncle ou moi, eussent été quinze jours à la campagne. 61.

Il *aura* fallu que toi et eux ayez été long-temps à Paris pour être riches. 62.

Il *a* fallu que vous ayez été bien éloigné de moi pour ne pas m'entendre crier. 63.

Si *ç'eût été* moi qui eusse pris votre cheval, vous en seriez content. 64.

Si *ç'avait été* moi qui eusse mangé du thon, je serais malade. 65.

Il eût fallu que lui ou toi ou moi, *eût été* une année à Paris.

INTERROGATIONS DU VERBE *ÊTRE*.

INDICATIF.

Vous me demandez si *je suis* la maîtresse de la maison ! oui, je la suis malgré vous ! 66.

Suis-je votre condisciple le plus dévoué ? oui, vous l'êtes.

Caroline, *es-tu* délassée de tes fatigues ? oui, je le suis. 67.

Est-ce là votre nièce ? oui, c'est elle. 68.

Est-ce là votre tabatière ? oui, ce l'est. 69.

Est-ce là votre famille ? oui, c'est elle. 70.

Ne *sommes-nous* pas vos parens ? oui, vous les
    êtes. 71.

Êtes-vous, mesdames, amies du Prince ? oui,
    nous le sommes. 72.

Êtes-vous les capitaines des gardes du corps ? oui,
    nous les sommes. 73.

Sont-ce là vos enfans ? oui, ce sont eux. 74.

Sont-ce là vos occupations journalières ? oui, ce
    les sont. 75.

IMPARFAIT.

Étais-je tout autre que tu ne pensais ? 76.

Étais-tu malade hier quand je te vis ? non, je ne
    l'étais pas.

Était-ce à vous de faire la première visite ? non.

Étions-nous des négocians totalement décrédités
    sans votre parent ! 77.

Étiez-vous des auteurs bien infatués de votre
    personne ! 78.

Étaient-ils des professeurs aussi instruits que
    le vôtre ? 79.

PRÉTÉRIT DÉFINI.

Fus-je indisposé hier ! et malgré cela je sortis.

Fûtes-vous à la leçon un piailleur éternel ! 80.

Fut-il malheureux dans sa jeunesse !

Fûmes-nous heureuses tout le temps que nous vécûmes à la campagne !

Fûmes-nous dans un danger imminent au siége de Lyon ! 81.

Fûtes-vous méchans et insubordonnés pendant tout le temps que vous restâtes chez votre frère !

Furent-elles long-temps vos voisines, en 1822, ces charmantes demoiselles ?

PRÉTÉRIT INDÉFINI.

Ai-je été long-temps au collége !

As-tu été le premier dans ta classe cette année ?

A-t-il été le plus diligent de ses camarades, dans la composition de ce jour ?

Avons-nous été trois jours à votre campagne ?

Avez-vous été très-adroit dans votre commerce ?

Ont-elles été habiles à succéder à leur cousine qui était si riche ?

PRÉTÉRIT ANTÉRIEUR.

Eus-je été long-temps chez vous avant mes malheurs ?

Eus-tu été riche dès que j'arrivai chez toi ?

Eût-il été heureux dès que j'arrivai chez lui ?

Eûmes-nous été à la guerre quand votre frère arriva ?

Eûtes-vous été plusieurs jours en Chine dès que
  j'y arrivai ?

Eurent-ils été de violens hommes quand je les
  corrigeai ?

PLUSQUEPARFAIT.

Avais-je été long-temps à la Croix-Rousse quand
  vous prîtes votre nouveau logement ?

Avais-tu été notre domestique quand l'ennemi
  entra à Toulon ?

Avait-il été notre médecin avant la maladie de
  mon fils ?

Avions-nous été plusieurs jours chez vous quand
  vous reçûtes cette mauvaise nouvelle ?

Aviez-vous été les créanciers du maire quand il
  vendit ses propriétés ?

Avaient-ils été les locataires de votre beau-père
  quand je les vis chez vous ?

CONDITIONNEL SIMPLE.

Serais-je votre ami si je vous eusse prêté de
  l'argent ?

Serais-tu la mère de cet enfant ? oui, je la suis.

Serait-il le premier de la ville s'il n'avait pas
  mauvaise tête ? oui, il le serait.

Serions-nous les protégés des ministres s'ils nous
  connaissaient mieux ? oui, nous les serions.

Ne *seriez vous* pas les ennemis de vous-mêmes si vous n'abandonniez vos mauvaises habitudes ?

Ne *seraient-ils* pas vaincus s'ils ne prenaient pas des précautions ?

Fussé-je sûr d'obtenir une place, je la refuserais si je la devais à l'intrigue !

Fusses-tu un monstre, tu n'aurais pu commettre ce crime atroce !

Fût-il un Bayard, il tremblerait devant ce scélérat !

Fussions-nous des Jean-Bart, nous n'oserions avec un vaisseau attaquer une flotte !

Fussiez-vous, mesdames, envieuses de ces fruits, que je ne pourrais vous les remettre !

Fussent-ils cent que chez moi je leur tiendrais tête !

CONDITIONNEL COMPOSÉ.

Aurais-je été votre bailleur de fonds, si je vous eusse mieux connu !

Aurais-tu été propriétaire d'une belle maison, si tu eusses acheté celle du voisin !

Aurait-il été souvent à la ville, s'il avait été fortuné ?

Aurions-nous été amateurs de la musique, si nous eussions eu de bons maîtres ?

Auriez-vous été malheureux, si je ne vous eusse tendu une main secourable ?

Auraient-ils été maîtres du champ de bataille,
    s'ils eussent su profiter des fautes de l'ennemi?

AUTREMENT.

Eussé-je été hier chez moi, si j'eusse cru que
    votre frère y fût venu !
Eusses-tu été, la semaine dernière, l'auteur de
    la nouvelle pièce, si tu te fusses trouvé ici ?
Eût-il été notre voisin à demeure, si je lui eusse
    vendu une partie de ma maison ?
Eussions-nous été les bienvenus, si nous nous
    fussions rendus à cette noce ?
Eussiez-vous été les plus méchans des hommes, que
    vous n'auriez pu commettre une pareille action ?
Eussent-ils été mes fermiers, s'ils eussent su que
    je voulais affermer mes biens ?

FUTUR.

Serai-je ce soir au spectacle dans votre loge ?
Seras-tu assez complaisant pour venir demain
    régler mes comptes ?
Sera-t-il toujours aimable ?
Serons-nous les bienvenus, si nous allons à votre
    vogue ?
Serez-vous heureux quand vous arriverez chez
    votre mère ?
Seront-ils ce soir au rendez-vous ?

FUTUR COMPOSÉ.

Aurai-je été long-temps votre voisin, quand vous
vendrez votre campagne ?

Auras-tu été long-temps en prison, avant que je
puisse t'être utile ?

Madame *aura-t-elle été* délassée de ses fatigues,
quand elle aura dormi ?

Avons-nous été long-temps ouvriers, avant d'être
maîtres !

Aurez-vous été plus de deux ans député, avant
que j'aie l'âge de l'être ?

Auront-ils été quinze jours à Paris, avant que j'aie
pu les rejoindre ?

VERBE *AVOIR*.

INDICATIF.

J'*ai* un beau cheval.

Tu *as* un joli chat.

Il *a* beaucoup d'esprit.

Nous *avons* de bonnes nouvelles de votre frère.

Vous *avez* du bon vin pour votre table.

Ils *ont* de bons maîtres d'études.

IMPARFAIT.

J'*avais* hier un grand plaisir à vous entendre
chanter.

‑ Vous *aviez* hier un beau cheval à votre cabriolet.

Il *avait* une bonne poularde à son dîner.

Nous *avions* la ferme résolution de ne plus vous voir.

. Vous *aviez* un galant homme à votre souper.

Ils *avaient* bien de la peine à vivre, avant votre arrivée.

PRÉTÉRIT DÉFINI.

J'*eus* hier une conversation bien agréable avec M. le général.

Tu *eus* la semaine dernière de grandes dépenses à faire.

Il *eut* un cheval tué sous lui à la bataille d'Ivry.

Nous *eûmes* un violent incendie dans notre château, l'année dernière. 82.

Vous *eûtes* hier de fortes contusions par le versement de la voiture.

Ils *eurent* l'année dernière de belles vendanges.

PRÉTÉRIT INDÉFINI.

J'*ai eu* aujourd'hui des nouvelles de votre frère.

Tu *as eu* un mauvais client ce matin.

Il *a eu* de tristes nouvelles à vous annoncer sur votre frère.

Nous *avons eu* de violentes disputes avec ces mauvais voisins.

Vous *avez eu* vos peines; aujourd'hui vous êtes heureux.

Ils *ont eu* de grands malheurs dans la dernière guerre.

PRÉTÉRIT ANTÉRIEUR.

Dès que j'*eus eu* cette nouvelle, je me rendis chez le ministre.

Dès que tu *eus eu* une place, tu devins orgueilleux.

Dès qu'il *eût eu* tout le bonheur possible, il ne vit plus ses amis. 83.

Dès que nous *eûmes eu* du vin potable, nous donnâmes un repas. 84.

Vous *eûtes eu* la fièvre hier, avant neuf heures du soir.

Dès qu'ils *eurent eu* la galle, ils furent renvoyés chez leurs parens.

PLUSQUEPARFAIT.

J'*avais eu* les fibres délicates avant l'arrivée de notre médecin. 85.

Tu *avais eu* une grande insomnie, sans aucun intervalle de repos, quand je t'apportai un calmant. 86.

Il *avait* toujours *eu* de son boucher de la viande qui avait de la tendreté. 87.

Nous *avions eu* beaucoup de tendresse pour nos
enfans quand la guerre nous les a enlevés.

Vous *aviez eu* de belles taies d'oreillers, dans
cette auberge, avant l'arrivée du nouveau
propriétaire.

Ils *avaient eu* les oreilles tout arrachées au com-
bat près Paris. 88.

CONDITIONNEL SIMPLE.

J'*aurais* de belles récoltes, si j'avais de meilleurs
domestiques.

Tu *aurais* un amour constant pour l'étude, si tu
savais mieux choisir.

Il *aurait* d'éternelles amours pour les sciences,
si on ne retenait pas son ardeur.

Nous *aurions* de petits amours dans ce tableau,
si on faisait ce que je voudrais.

Vous *auriez* un bel habit, si vous vouliez y
mettre le prix.

Ils, elles *auraient* un revenu considérable, s'ils
savaient tirer parti de leurs propriétés.

CONDITIONNEL COMPOSÉ.

J'*aurais eu* un air rébarbatif, si je n'avais pas été
bien élevé. 89.

Tu n'*aurais eu* qu'à te montrer, pour imposer à
ces étourdis. 90.

Cette demoiselle *aurait eu*, pour son père et pour
     sa mère, les attentions les mieux soutenues,
     si elle eût été mieux élevée. 91.

Nous *aurions eu* une tendance vers le vice, si
     nous n'avions été bien tenus. 92.

Vous *auriez eu* une belle maison sur la rue Saint-
     Honoré, si vous eussiez acheté celle du mar-
     chand de vin. 93.

Ils *auraient eu* une forte correction une fois pour
     toutes, s'ils n'eussent cessé de se mal con-
     duire. 94.

AUTREMENT.

J'*eusse eu* de violens maux de tête hier, si j'eusse
     voulu rester au spectacle.

Tu *eusses eu* chez toi, la semaine dernière, un
     violent incendie sans les pompiers. 95.

Elle *eût eu* avant-hier une migraine affreuse, si
     la musique ne l'eût égayée.

Nous *eussions eu* une belle fortune à la mort de
     nos oncles, s'il ne nous eût pas été fait tort.

Vous *eussiez eu* la visite du général lundi dernier,
     s'il vous eût cru chez vous.

Ils *eussent eu* de beaux fruits lors de la récolte
     dernière, s'ils eussent fait écheniller leurs
     arbres.

FUTUR.

J'*aurai* cela quoiqu'il en coûte. 96.

Tu *auras* ce soir un ouvrage de filagrane. 97.

Il y *aura* demain quelque deux cents ans qu'Henri IV est mort. 98.

Il *aura* de la corpulence : tout jeune, qu'il est, il est déjà très-gros. 99.

Nous *aurons* du bel orge mondé. 100.

Vous *aurez* donc toujours des altercations avec votre frère. 101.

Ces deux jeunes gens *auront* un bel organe pour parler en public. 102.

FUTUR COMPOSÉ.

J'*aurais eu* trois heures le cahotage de cette voiture, avant de rencontrer la diligence. 103.

Tu n'*auras eu* peur ni de moi, ni de lui, car rien ne t'a arrêté. 104.

Cette femme n'*aura* donc *eu* une physionomie agréable que pour me tromper. 105.

Nous *aurons eu* tous le poignet fort dans notre famille. 106.

Vous *aurez* donc *eu* autrefois la meilleure conduite ; aujourd'hui elle serait déréglée ! 107.

Ils *auront eu*, cette année, plus de société à la ville qu'à la campagne. 108.

IMPÉRATIF.

Aie un bon naturel, pour plaire à tes parens.

Qu'il *ait* une bonne conduite, il sera chéri de ses supérieurs.

Ayons une bonne récolte cette année, nous serons hors de tout besoin.

Ayez des moustaches, sans cela vous ne pouvez voir le colonel.

Qu'ils *aient* une bonne chienne de chasse, s'ils veulent que j'aille les voir.

SUBJONCTIF.

Il faut que j'*aie* l'air bien pauvre, pour que vous osiez m'offrir l'aumône. 109.

On voudra que tu *aies* des amis bien sincères, pour que tu les aimes davantage.

On veut qu'il *ait* une peur si grande, qu'il n'ose plus sortir seul. 110.

On demande que nous n'*ayons* pas des fruits verds pour notre dessert. 111.

Le général veut que vous *ayez*, messieurs, des habits verts pour la parade.

Les meilleurs écrits qu'ils *aient*, sont ceux d'Homère et de Virgile. 112.

IMPARFAIT.

Il faudrait que j'*eusse* vos enfans près de moi,
  pour leur santé.

Je voudrais que tu *eusses* un bon cheval de cabriolet, nous irions souvent à la campagne.

Il aimerait qu'il *eût* une maison de campagne près
  la capitale, pour y aller tous les dimanches

J'aimais que nous *eussions* tous les jeudis une
  bonne poularde de Bresse à notre dîner.

Il demandait que vous *eussiez* une meilleure conduite.

Il désirerait que vos chevaux *eussent* une meilleure nourriture.

PARFAIT.

Il a fallu que j'*aie eu* le malheur de perdre mon
  père dans le bas âge, pour être aussi malheureux.

Il aura voulu en vain que tu *aies eu* l'amour du
  travail ; tu n'as jamais voulu te donner aucune peine à cet effet.

J'ai toujours demandé qu'il *ait eu* de l'attention
  et du respect pour sa mère ; je n'ai pu l'obtenir.

Il aura fallu que nous *ayons eu* l'inimitié de cet

individu, pour ne pas avoir tous deux obtenu la place de gardes forestiers.

Il aura donc voulu que vous *ayez eu* une mauvaise affaire, pour avoir le plaisir de vous voir malheureux.

Les chasseurs du canton ont aimé qu'ils *aient eu* une forte meute de chiens courans.

PLUSQUEPARFAIT.

Il aurait fallu que j'*eusse eu* le désir de m'occuper de sciences, cela me serait utile aujourd'hui.

Si j'avais voulu que tu *eusses eu* une meilleure tenue, je n'aurais pu y réussir.

On aurait désiré inutilement qu'il *eût eu* de meilleures mœurs.

On aurait désiré que nous *eussions eu* de meilleures mœurs.

On aurait voulu que vous *eussiez eu* plus d'application dans vos études.

On eût désiré qu'ils *eussent eu* de jolis et bons chevaux pour la parade qui a eu lieu hier.

INFINITIF.

Il faut *avoir* du vin de Champagne pour mon dîner.

Il faudra *avoir* ce soir un bon souper, j'aurai plusieurs amis.

Il aura donc fallu *avoir* beaucoup de chiens pour
réduire ce sanglier.

Il faudrait *avoir* du gibier d'eau pour le repas.

Il aurait fallu *avoir* peu de courage, pour ne pas
avoir traversé la rivière.

Il fallait *avoir* des bas de soie pour aller en visite.

Il a fallu *avoir eu* une bonne santé, pour résister
à la guerre.

Il aura fallu *avoir eu* bien de la méchanceté, pour
avoir nui à votre charmante mère.

Il aurait fallu *avoir eu* beaucoup d'argent pour
acheter du sucre, il a bien augmenté.

Il avait fallu *avoir eu* une violente peur, pour
s'être caché au bruit des passans.

Ayant de beaux chevaux, vous serez bien reçus.

Ayant eu un violent mal de tête, je ne puis me
rendre chez vous.

Devant avoir du monde à dîner, je serais bien
aise que vous voulussiez être du nombre
des convives.

CONJUGAISON DES VERBES AYANT UN RÉGIME DIRECT.

INDICATIF PRÉSENT.

J'*aime* les appartemens aérés. 113.

Tu *allumes* la chandelle, la bougie, la lampe. 114.

Il *enseigne* la langue latine et les mathématiques
à une grande quantité d'élèves. 115.

Nous vous *appelons* à cor et à cri, et vous ne
répondez pas. 116.

Vous l'*accablez* d'injures sans le connaître. 117.

Ils *passent* la barque de Caron avec leurs habits
de bouracan. 118.

IMPARFAIT.

J'*assurais* tous vos vaisseaux, avant les faillites
nombreuses qui m'ont ruiné. 119.

Tu *éprouvais* hier des angoisses affreuses, ayant
appris l'arrestation de ton malheureux
père. 120.

Il *assurait* ce matin à votre frère, que vous
viendriez ce soir à l'Athénée.

Nous *demandions* en cœur, quand vous demandiez
en trèfle. 121.

Vous me *donniez* mes babouches, quand je vous
envoyais une paire d'escarpins. 122.

Ils *bosselaient* différens ouvrages, quand ils étaient
à mon service. 123.

PARFAIT DÉFINI.

Je *graissai* hier mes roues avec du cambouis. 124.

Tu me *conféras* hier matin une bonne place dans
la voiture. 125.

Il *ôta*, avant-hier, la viande de cochon qu'il avait
    mise à la cave. 126.

Nous *consumâmes* toutes nos richesses dans la
    dernière guerre. 127.

Vous *convoitâtes* les richesses d'autrui l'année
    dernière, et vous fîtes faillite. 128.

Ils *consommèrent* tous leurs grains pour l'armée,
    dans la dernière guerre d'Espagne.

PASSÉ INDÉFINI.

J'*ai cordé* ce bois moi-même, soyez tranquille. 129.

Tu lui *as donné* un coup terrible sur le coude-
    pied. 130.

Il *a demandé* qu'on lui envoyât des bas de soie.

Nous *avons contremandé* ces marchandises. 131.

Vous *avez loué* un appartement, et vous avez
    donné le denier à Dieu. 132.

Les dents *ont percé*, ou sont venues, à mon
    enfant. 133.

PASSÉ ANTÉRIEUR.

Dès que j'*eus égalisé* les lots, on les tira au sort. 134.

Dès qu'il *eut levé* les yeux au ciel, il mourut. 135.

Lorsqu'il *eut joué* à la cligne-musette, il vint me
    voir. 136.

Dès que nous *eûmes élevé* notre âme à Dieu, nous
    fûmes tranquilles. 137.

6

Dès que vous *eûtes parlé* au public, il se fit un profond silence.

Dès qu'ils *eurent manqué* à leurs engagemens, ils furent discrédités.

PLUSQUEPARFAIT.

J'*avais* cependant *apporté* de bonnes exemples d'écriture. 138.

Tu *avais donné* de bons exemples de conduite jusqu'à ce jour; aujourd'hui tu te conduis mal.

Le soleil t'*avait donné*, toute la journée d'hier, dans les yeux; aussi as-tu la fièvre. 139.

Nous *avions retranché* deux feuilles de cet ouvrage, quannd on a commecé à l'imprimer. 140.

Vous *aviez fréquenté* inutilement les leçons de ce professeur, quand il vous prit en affection.

Ils *avaient arrosé* leurs fleurs dans le moment de la grande chaleur; aussi ont-elles crevées.

Je ne donnerai qu'un exemple de chacun des temps surcomposés suivans, parce qu'ils sont peu en usage.

Si j'*avais eu donné* mon cheval pour la course du Champ-de-Mars, il n'existerait plus.

Quand j'*ai eu sauté* le fossé deux jours de suite, je suis allé m'exercer ailleurs.

Dès qu'il *aura eu aimé* la danse, il quittera l'étude.

J'aurais eu enchaîné tout le monde à mon char, si je m'y étais mieux pris.

FUTUR SIMPLE.

Je *frapperai* ce soir une médaille pour le plus vertueux des hommes.

Tu *armeras* une compagnie de vétérans pour le service de la place.

Ce *ragoût* me donnera des rapports, il est brûlé. 141.

Nous *enseignerons* la musique à nos enfans de bonne heure.

Vous ne *parlerez* pas anglais, de crainte de vous tromper. 142.

Ils n'*entraîneront* point ce malheureux, je réponds de lui, il ne se sauvera pas.

FUTUR COMPOSÉ.

J'aurai donc *fréquenté* dix ans les écoles, sans avoir rien pu apprendre.

Tu *auras moissonné* tout ton blé, avant que je sois revenu de voyage.

Il *aura creusé* plus de cent pieds son puits, avant de trouver l'eau.

Nous *avons barbouillé* en vain cette boutique, nous n'en ferons jamais un lieu agréable.

Vous *aurez parlé* long-temps avant de vous faire entendre.

Quand *ils auront arrosé* leur jardin, ils iront au cabaret arroser leur gosier.

CONDITIONNEL SIMPLE.

J'aimerais beaucoup l'étude, si j'avais la santé.

Tu *embarrasserais* fort cet homme, si tu lui disais ses vérités en public.

Il *chanterait* une chanson, s'il n'était pas enrhumé.

Nous *danserions* la gavotte, si nous étions plus sûrs des pas.

Vous *commenceriez* cet ouvrage, si vous étiez sûr d'être aidé.

Ils *fouilleraient* cette terre, s'ils savaient qu'elle contient un trésor.

CONDITIONNEL COMPOSÉ.

J'aurais parlé longuement de ces choses, si j'eusse pensé que l'on m'écoutait.

Tu *aurais fouillé* cette maison, si tu n'eusses pas craint d'en être chassé honteusement.

Il *aurait entraîné* tout le monde à sa suite, si son hypocrisie n'eût été découverte.

Nous *aurions calculé* facilement les résultats de cette affaire, si vous eussiez été franc.

Vous *auriez manqué* cet emploi, si je ne vous eusse
averti à temps.

Ils *auraient savonné* vos cotons, si vous les eussiez apporté un quart-d'heure plutôt.

AUTREMENT.

J'eusse dansé hier une valse avec votre demoiselle, si elle s'y fût trouvée disposée.

Tu *eusses chanté* mardi, à l'opéra, très-bien ton
ariette, si le premier violon t'eût secondé.

Il *eût bêché* tout ce jardin la semaine dernière,
si tu l'y avais engagé.

Nous *eussions promené* cet homme long-temps,
lundi dernier, si tu ne l'eusse tiré d'embarras.

Vous *eussiez enseigné* la chimie à six cents élèves
à la fois, par mes méthodes, si etc.

Ces paysans *eussent pillé* notre récolte, sans
notre garde-champêtre.

IMPÉRATIF.

Donne en ce jour, je t'en supplie, ton adhésion
au mariage de nos enfans. 143.

Voici de beaux chevaux, *donnes*-en un à ton
ami. 144.

Moissonnons nos blés, si nous voulons ne pas les
voir détruire.

Arrosez vos jardins, si vous voulez qu'ils produisent.

Qu'ils *sautent* par la fenêtre, la porte est barricadée.

Tu as de belles pommes, *donne*-les moi. 145.

Tu possèdes une belle chienne de chasse, *donne*-la moi.

Vous avez un beau livre, *donnez*-le moi.

SUBJONCTIF.

Il faut que je *vous aime* beaucoup, pour vous passer toutes vos fantaisies.

Il faudra que tu *donnes* tes biens aux pauvres.

Je veux qu'il *barbouille* les murs de son jardin.

Je crois qu'il *montre* très-bien l'écriture anglaise.

Qui est-ce qui a jamais douté que j'*aime* l'existence ?

On veut que nous *chantions* ce soir la palinodie.

Il voudra que vous *ôtiez* votre chapeau, toutes les fois que vous lui parlerez.

On désire qu'ils *pardonnent* à leur fils, pour le voir à la fête de St-Denis.

IMPARFAIT.

On voulait que je *fréquentasse* cette société, je m'en suis bien gardé.

Je désirais que tu *ôtasses* ton manteau, pour que tu fusses plus leste.

Tu demandais qu'il *brouillât* quantité d'œufs pour notre déjeûner.

Il fallait que nous *aimassions* beaucoup son père, pour l'avoir reçu parmi nous.

Il faudrait que vous *manquassiez* de pain, pour le prier de vous être utile.

Ils voudraient qu'ils *piochassent* de suite les champs de pommes de terre, car la pluie est sur le point de tomber.

On voudrait que moi et eux *travaillassions* un peu plus pour achever notre mélodrame.

Si c'était vous et eux qui *fréquentassiez* les cours d'histoire naturelle, vous seriez toujours à herboriser.

Si c'était toi ou lui qui *moissonnât* ces blés, ils seraient mieux conditionnés.

Si c'était eux ou nous qui *demandassent* sa protection, nous l'obtiendrions.

PARFAIT.

On aura voulu vainement que j'*aie ôté* mon chapeau à cet homme, je ne l'ai pas voulu.

Il aura fallu que tu *aies bien calculé*, pour être venu à bout de tes affaires.

Il a fallu qu'il *ait cassé* son instrument, pour que nous ne dansions plus.

On a voulu, mais inutilement, que nous *ayons embarrassé* ce jeune homme, il a répondu à tout.

Il aura fallu que vous *ayez* beaucoup *aimé* la danse, pour avoir fréquenté si mauvaise compagnie.

On a désiré qu'ils *aient fréquenté* les spectacles, pour leur donner l'usage du monde.

Il aura fallu que toi et eux *ayez enlevé* les suffrages des inspecteurs, pour avoir été couronnés à la distribution des prix.

Il a fallu que vous, votre oncle et moi, *ayons demandé* la même place, pour ne rien obtenir.

On a demandé que toi ou lui *ait changé* d'habits, on n'a pu l'obtenir.

On a voulu que tes frères ou ton oncle ou moi, *aient* mal *calculé* les livres du fameux banquier que tu connais.

PLUSQUEPARFAIT.

On aurait désiré que j'*eusse moissonné* mes orges avant leur maturité.

On aurait pensé que tu *eusses débarrassé* tes appartemens pour la fête.

On eût voulu qu'il *eût sauté*, hier, par dessus huit chevaux; la chose n'était pas facile.

Vous auriez aimé que *nous eussions ôté* nos bois de l'écurie, pour faire place aux chevaux.

On avait commandé que nous *eussions creusé* nos allées plus profondes.

Il eût fallu qu'ils *eussent donné* un bal aux officiers de l'armée.

Si ç'avait été ou si ç'eût été elle et nous qui *eussions parlé* aussi mal, on nous aurait congédiés.

Si ç'eût été ton frère et toi qui *eussiez enlevé* ces pots de fleurs, vous auriez été punis sévèrement.

Si ç'avait été toi ou moi qui lui *eût enseigné* le latin, il serait certainement plus instruit.

Si c'eût été eux ou vous qui *eussent travaillé* à ce plan, il serait mieux levé.

INFINITIF.

Il faut *aimer* l'étude des sciences, pour être heureux dans cette vie.

J'ai pensé à *calculer* ce matin mes dépenses, elles sont énormes.

J'aurais pensé *pardonner* à votre frère ses fredaines, si j'eusse cru à ses promesses.

Je viens de *chanter*, et vous voulez que je chante encore.

Je suis ici pour *danser*, et non pour jouer aux cartes.

Je pense que sans *casser* cette cruche, nous pouvons ôter ce qu'elle contient.

Il aura donc fallu *chanter* cette ariette, pour émouvoir votre oncle.

Il aurait voulu *aimer* le fromage, il n'a jamais pu y réussir.

Il a fallu *avoir fréquenté* le voisinage, pour n'être plus libre chez soi.

Il aura fallu *avoir sauté* ce fossé, pour être à l'abri de la cavalerie.

Il aurait fallu *avoir récompensé* votre commis, et ne pas le désespérer.

Il eût fallu *avoir donné* hier votre repas, et non pas aujourd'hui.

Il aurait désiré *avoir pardonné* son domestique, mais il ne l'a pu, la justice s'en est emparé.

Pour *avoir* trop *aimé* la bonne chère, il est mort d'indigestion.

Sans *avoir fréquenté* les colléges, il est cependant très-instruit.

En *donnant* aux pauvres de ce canton, vous serez heureux dans votre maison de campagne.

Cet homme, *aimant* le vin et le jeu, finira par aller à l'hôpital.

Ayant dansé toute la nuit, j'ai resté au lit jusqu'à
cinq heures du soir.

Devant casser la glace, il faut que je fasse provision d'un gros marteau.

INTERROGATION.

INDICATIF.

Aimé-je les arts et les sciences aujourd'hui ?

Donnes-tu souvent aux pauvres ?

Creuse-t-il aujourd'hui les fossés du chemin ?

Cordons-nous aujourd'hui les bois que nous avons
à vendre ?

Cordelons-nous cinq fils ensemble, pour faire un
bon fil de couture ?

Demandez-vous à parler à votre maître de langue
italienne ?

Contremandent-ils les linons que nous leur avions
vendus ?

IMPARFAIT.

Louais-je à temps votre cheval ! je ne l'aurais pas
eu de long-temps !

Perçais-tu ton tonneau de vin de Bourgogne,
quand j'arrivai chez toi lundi dernier ?

Egalisait-il le terrain de son jardin, quand tu es
arrivé près de lui ?

Levions-nous des fardeaux considérables à l'âge
    de 25 ans !

Jouiez-vous aux échecs avec le capitaine, quand
    j'arrivai dans la salle ?

Elevaient-ils leur âme à Dieu avec ferveur, lors
    de la mission !

PASSÉ DÉFINI.

Parlai-je bien hier à notre protecteur !

Manquas-tu du vin la semaine dernière, lors de
    ta pêche ?

Apporta-t-il ton manteau lundi, pour ton voyage ?

Donnâmes-nous à temps notre note, mardi, pour
    insérer dans le journal !

Retranchâtes-vous dix lignes de votre dernier
    ouvrage ?

Fréquentèrent-ils toujours la même société que
    vous, dans les vendanges de l'année dernière ?

PASSÉ INDÉFINI.

Ai-je arrosé toutes les fleurs de mon parterre !

As-tu contremandé le dîner chez le traiteur ?

A-t-il demandé à me voir ce soir au spectacle ?

Avons-nous donné tous nos soins à l'éducation de
    nos enfans !

Avez-vous creusé votre puits plus de cent pieds ?

Ont-ils cordé cent voies de bois aujourd'hui ?

PLUSQUEPARFAIT.

Avais-je loué ce magistrat, avant votre arrivée ?

Avais-tu percé ton mur pour cette fenêtre, avant l'arrivée de l'architecte ?

Avait-il égalisé le terrain de ses couches de melon, quand son nouveau jardinier arriva ?

Avions-nous levé l'ancre, quand nous fûmes attaqués par les Anglais ?

Aviez-vous joué au trente et quarante, quand cet infâme jeu fut banni des eaux de Vichy ?

Avaient-ils mutiné cette multitude d'antropophages, peu avant les catastrophes sanglantes qui ont eu lieu à Paris ?

FUTUR.

Elèverai-je dignement mon âme à Dieu, en calomniant mon prochain ?

Parleras-tu bientôt l'anglais, l'allemand et l'espagnol ?

Manquera-t-il d'instruction suffisante, pour faire le mémoire en question ?

Apporterons-nous l'amélioration convenable dans nos fonds, en faisant les réparations dont vous m'avez entretenu ?

Retrancherez-vous, sans frémir, un quartier de la pension de votre malheureux père ?

Fréquenteront-ils toujours mauvaise compagnie ?

FUTUR COMPOSÉ.

Aurai-je arrosé mes choux avec beaucoup de peine, pour les voir gâtés ?

Auras-tu contremandé à temps les invités pour le repas qui n'aura pas lieu aujourd'hui ?

Aura-t-il arraché toutes les mauvaises herbes de son jardin, quand nous serons arrivés à la ville ?

Aurons-nous demandé les provisions nécessaires pour notre ménage, quand le voiturier sera parti ?

Aurez-vous donné tout votre bien à des ingrats ?

Auront-ils creusé, dans huit jours, le puits que vous voulez faire faire ?

CONDITIONNEL.

Corderais-je cent voies de bois, si vous ne me dérangiez pas à tout instant !

Louerais-tu ma maison, si tu voyais jour à en sous-louer une partie ?

Percerait-il aisément tous ces morceaux de fer, si je lui prêtais mon instrument ?

Égaliserions-nous bien les lots que nous devons tirer au sort, si nous prenions cet arpenteur ?

Lèveriez-vous les impôts avec facilité, dans ce

pays malheureux, si les habitans étaient de
bonne volonté ?

Joueraient-ils aux boules, s'ils allaient à Lyon ?

CONDITIONNEL COMPOSÉ.

Aurais-je parlé librement, si mon oncle n'eût été
présent ?

Aurais-tu manqué du nécessaire, si je ne t'avais
secouru ?

Aurait-il mutiné les ouvriers contre leur bienfaiteur ?

Aurions-nous apporté la dissension dans cette
commune ?

Auriez-vous retranché plusieurs pages à votre
livre, si vous m'eussiez consulté !

Auraient-ils fréquenté leurs amis de collége
pour devenir mauvais sujets ?

AUTREMENT.

Eussé-je arraché hier toutes les mauvaises herbes
du jardin, que la pluie en aurait fait naître
le double !

Eusses-tu arrosé tes œillets, lundi dernier, qu'ils
auraient tout de même crevé !

Eût-il contremandé les violons, mardi matin, que
nous aurions la même chose dansé !

Eussions-nous demandé le prix des marchandises,

avant-hier, que nous aurions toujours payé trop cher !

Eussiez-vous donné toute votre attention à la pièce jouée hier, que vous n'auriez pu tout entendre !

Eussent-ils creusé toute une année leur cave, qu'ils ne l'auraient pas creusé assez !

CONJUGAISONS DU VERBE *FINIR*.

INDICATIF.

Je vous *avertis* qu'il faut aller de suite au collége.

Tu *finis* ton thême à temps.

Il *divertit* son bien en dépenses inutiles.

Nous *fournissions* des livres aux meilleures ins-titutions de Paris.

Vous *guérissez* tous les enfans avec votre remède contre les vers.

Ils *punissent* souvent pour une légère faute.

IMPARFAIT.

Je *définissais* les tableaux du Musée à votre frère, quand vous êtes arrivé.

J'*approfondissais* le labourage, quand je me fus retiré de la campagne. 146.

Il me *fournissait* tous les ans un chapeau de paille blanche. 147.

Nous *emplissions* une pièce de vin paillet, quand vous arrivâtes hier. 148.

Vous *blanchissiez* l'année dernière du pain à chanter, quand je vous enseignai à les teindre. 149.

Ils vous *salissaient* méchamment vos habits, quand je les pris sur le fait. 150.

PARFAIT DÉFINI.

J'*ensevelis* hier le meilleur de mes voisins.

Tu *nourris* long-temps un ingrat, dans la personne de ton fils.

Il *pervertit*, étant au collège, tous ses camarades.

Nous *convertîmes* hier du bois en or, au moyen de l'alchimie.

Vous *convertîtes*, la semaine dernière, plusieurs païens, par votre piété.

Ils *emplirent*, il y a un an, leur grande cuve, de vendanges. 151.

PARFAIT INDÉFINI.

J'ai *attendri* tous les spectateurs, par le récit de mes malheurs.

Tu as *établi* une grande différence entre tes vins et ceux de tes voisines.

Cette eau que j'ai *bénite* se conservera long-temps.

7

Cette demoiselle, que son père a *bénie*, l'a justement mérité.

Nous avons *élargi* nos habits de peau par des exercices violens.

Vous avez *rempli* nos coffres d'or et d'argent. 152.

Ils ont *rempli* les devoirs de leur place avec honneur et exactitude.

Votre voisin a mal *agi* avec vous. 153.

PASSÉ ANTÉRIEUR.

Dès que j'eus *agi* contre lui, je perdis l'amitié de toute ma famille.

Vous eûtes *averti* ce malheureux peu de minutes avant que la force armée arriva.

Dès qu'il eût *fourni* tous les meubles pour votre maison, vous le trompâtes indignement.

Dès que nous eûmes *défini* leur manière d'agir à notre égard, ils perdirent l'estime des honnêtes gens.

Dès que vous eûtes *blanchi* ces toiles, on les envoya à la foire de Leipsik.

Dès qu'ils eurent *nourri* vos trois enfans, vous leur fîtes une pension.

PLUSQUEPARFAIT.

J'avais *affermi* le courage de mes soldats, quand nous avons attaqué l'ennemi avec avantage.

Tu *avais étourdi* toute l'assemblée de tes plaintes, quand l'on te mit à la porte.

Il *avait amolli* des cornes, pour en faire les beaux peignes que vous voyez.

Nous vous *avions averti* du danger qui vous menaçait, vous n'avez pas voulu nous croire.

Vous *aviez englouti* tout votre avoir dans une fausse spéculation, néanmoins vous vous êtes relevé miraculeusement.

Ces jeunes étourdis *avaient appauvri* leurs parens par des dépenses excessives.

FUTUR SIMPLE.

J'*ensevelirai* avec pompe mon malheureux ami.

Tu *approfondiras* les sentimens de cet homme, si tu veux ne pas être dupe.

Il *amollira* ce mastic, pour les opérations chimiques auxquelles je vais me livrer.

Nous *bénirons* les mains qui nous font du bien.

Vous *affermirez* leur cœur, pour suivre les sentiers de la vertu.

Ils *rempliront* leurs devoirs, je vous l'assure.

FUTUR COMPOSÉ.

J'*aurai averti* nos amis pour le bal, avant que vous soyez revenu.

Tu *auras agi* fructueusement, quand tu t'appliqueras à l'étude.

Il *aura fini* ses études avant que vous soyez à la moitié des vôtres.

Nous *aurons* donc *diverti* la plus grande partie de nos richesses dans une spéculation qui ne peut plus être fructueuse.

Quand vous *aurez fourni* d'épiceries l'Anglais qui vous avoisine, vous ne pourrez être payé.

Vos fermiers *auront* mal *agi* avec vous, sans craindre que vous les blâmiez. 154.

———————

Je ne donnerai qu'un exemple de chacun des temps surcomposés suivans, parce qu'ils sont peu en usage.

Si j'*avais eu averti* mes domestiques, nous aurions eu de bons gibiers.

Quand j'*ai eu agi* contre cet individu, je suis devenu plus tranquille.

Dès qu'il *aura eu blanchi* ses toiles, il quittera ses dieux pénates.

J'*aurais eu englouti* toutes les richesses du monde, si je n'eusse pas été arrêté.

CONDITIONNEL SIMPLE.

Je *punirais* votre fils, si j'étais sûr que vous ne l'autorisez pas dans ses vices.

Tu *blanchirais* très-bien ce coton à l'acide muriatique oxigéné , si tu savais l'employer.

Il *attendrirait* ce veau , quoique dur, s'il le bat-
tait fortement.

Nous *emplirions* nos tonneaux , si le vin nous
convenait.

Vous *étourdiriez* tout votre voisinage , si vous
appreniez à donner du cor.

Ils *engloutiraient*, dans leur gosier insatiable ,
toute la fortune de leurs parens , si elle était
à leur disposition.

CONDITIONNEL COMPOSÉ.

J'*aurais affermi* le courage de mes troupes, si
je n'eusse pas été blessé.

Tu *aurais rempli* tes magasins de vins, si tu avais
pensé à l'augmentation.

Il *aurait* très-bien *défini* cette question , s'il eût
voulu réfléchir.

Nous *aurions amolli* facilement cet ivoire avec de
l'eau bouillante.

Vous *auriez appauvri* tous vos amis, s'ils ne vous
avaient pas connu parfaitement.

Ils *auraient guéri* ces écoliers d'un vice honteux ,
en les punissant dès le principe.

AUTREMENT.

J'eusse agi hier contre vos intérêts, sans le savoir.

Tu *eusses averti* nos convives lundi de meilleure heure, si tu n'en avais été empêché.

Ce cheval *eût fourni*, mardi, six courses, si tu lui eusses donné de l'avoine.

Nous *eussions défini*, la semaine dernière, le caractère du capitaine, si nous eussions pu le questionner.

Vous *eussiez englouti* tout le bien de votre père, l'année dernière, si je ne vous en eusse empêché.

Ils *eussent puni* leurs enfans d'une faute involontaire, si je ne leur eusse pas fait entendre raison.

IMPÉRATIF.

Blanchis ces toiles à la vapeur, dans une chambre hermétiquement fermée.

Qu'il *attendrisse* ses maîtres par sa bonne conduite.

Affermissons nos pensées dans les bonnes actions.

Remplissez vos magasins de plâtre ; ils seront chers cette année.

Qu'ils *emplissent* leur réservoir d'une eau limpide, pour leurs bestiaux.

Tu as un bon cheval, *fournis*-le moi pour la course de ce jour.

Tu possèdes une belle chienne de chasse, *fournis*-la moi pour la St-Hubert.

Vous avez de belles voitures, *fournissez*-les moi pour la parade de Longchamp.

SUBJONCTIF.

Il faut que j'*établisse* mes demoiselles dans un bon magasin.

Il faudra que tu *avertisses* ton oncle que j'irai ce soir le voir.

Il faudra qu'il *finisse* ses ouvrages, pour être heureux.

Il voudra que nous nous *divertissions* toute la nuit.

Je veux que vous *fournissiez* les chevaux pour la course.

J'aime qu'ils *guérissent* promptement, je les chéris grandement.

IMPARFAIT.

On désirerait que je *punisse* ce jeune homme, je ne le puis.

On voulait que tu *définisses* passablement ce que c'est qu'un verbe.

Je demandais qu'il *ensevelît* avec pompe sa vertueuse épouse.

Tu voulais que nous *blanchissions* nos fils à la
vapeur.

Je pensais que vous *nourrissiez* mieux vos chevaux.

Il voudrait, le scélérat ! qu'ils *pervertissent* ces
jeunes personnes.

On désirerait que lui ou moi *convertît* ce malheureux condamné.

On voudrait que moi et eux *approfondissions*
cette affaire difficile.

Si c'était vous et eux qui *remplissiez* ce tonneau
de farine, vous en feriez tenir davantage.

Si c'était eux ou nous qui *emplissent* ces bouteilles de vin, elles seraient bien bouchées.

Je doute qu'il *finît* son ouvrage aujourd'hui.

Son ami a voulu qu'il *blanchît* maintenant son
pantalon.

J'aurais voulu que nous *convertîmes* de suite ces
boucles d'argent en lingots.

Nous aurions désiré qu'il *remplît* actuellement
son panier de fruits.

J'avais toujours voulu qu'il *nourrît* aujourd'hui,
jour de St-Jean, mes domestiques.

PARFAIT.

Il a fallu que j'*aie converti* tous mes biens en nu-
méraire, pour me trouver sans ressource.

Il aura voulu, en vain, que tu *aies approfondi* l'art de naviguer ; hélas ! tu ne sais rien.

J'aurai donc demandé, sans espérance, qu'il *ait rempli* mes bouteilles.

Il aura fallu que nous *ayons attendri* cet homme, pour nous tirer de ce mauvais pas.

Il a voulu que vous *ayez établi* un prix fixe pour vos marchandises ; il a eu tort.

J'aurai donc voulu, sans succès, qu'ils *aient élargi* leur pressoir.

On aura voulu que toi et eux *ayez* mal *défini* les mots nonchalance et vertu.

Il aura fallu que vous, votre mère et moi, *ayons enseveli* notre ressentiment, pour avoir vu cet homme sans frémir.

On a désiré que toi ou lui *ait blanchi* ce fil sur le pré.

On a voulu que tes frères, ou ton oncle, ou nous, *aient* mal *nourri* nos chevaux dans la dernière campagne.

PLUSQUEPARFAIT.

Si on eût voulu que j'*eusse rempli* mes bouteilles, j'aurais obéi de suite.

Il aurait fallu que tu *eusses étourdi* tous les voisins, pour réussir dans tes projets.

J'aurais voulu qu'il *eût affermi* votre cœur contre
les malheurs.

On aurait désiré que nous *eussions amolli* et mis
à la presse notre écaille.

On s'était imaginé que vous *eussiez averti* votre
frère des désordres de son fils.

On aurait pensé qu'ils *eussent englouti* corps et
biens dans leur naufrage.

Si ç'avait été ou si ç'eût été elle et nous qui
eussions puni cet enfant de la sorte, on nous
en voudrait.

Si ç'eût été ton frère et toi qui *eussiez défini*
ainsi l'art de tisser, on vous aurait censuré.

Si ç'avait été toi ou moi qui lui *eût blanchi* ses
bas, ils seraient d'un plus beau blanc.

Si ç'eût été eux ou vous qui *eussent nourri* ces
porcs, ils auraient été plus gras.

INFINITIF.

Il faut *avertir* votre frère qu'il vienne de suite
chez moi.

J'ai pensé à *finir* mes études auprès du célèbre
professeur Nicolas.

J'aurais cru *divertir* mon bien en folles dépenses,
si j'eusse suivi vos conseils.

Je viens de *fournir* cent doubles décalitres de blé
pour l'armée.

J'arriverai ce soir, pour *guérir* votre oncle d'une péripneumonie.

On croit que sans *punir* les enfans par des privations, on peut les corriger; on se trompe.

Il aura donc voulu *définir*, dans un long discours, la mécanique.

Il aurait désiré *approfondir* le caractère de ce jeune homme, avant de le donner à sa fille.

Il a voulu, mais à tort, *avoir fourni* sa quotepart dans les dépenses de ce dîner.

Il aura voulu *avoir empli* ses chaudières de teinture, avant de venir.

Il aurait désiré *avoir rempli* son magasin d'épiceries, avant l'augmentation.

Il eût aimé *avoir* de beaux chevaux à sa demi-fortune.

Il aurait pensé *avoir converti* toutes ses richesses en une seule propriété, si je ne l'en eusse détourné.

Pour *avoir* trop *blanchi* ces cotons, ils sont détériorés.

Il était à devoir *ensevelir* son meilleur ami, lorsque lui-même est mort de mort subite.

Sans *avoir nourri* par moi-même ces moutons, ils sont néanmoins comme je les désirais.

En *pervertissant* les enfans malheureux, qu'espère-tu ?

Cet homme *convertissant* tous ses biens en argent, perdra toute sa fortune.

Ayant agi de la sorte avec moi, tu dois penser
que je ne te recevrai plus chez moi.

Devant *attendrir* tes auditeurs, prépare-toi à
faire des phrases pathétiques.

Je suis à devoir *établir* ma chère fille Victorine,
il faut que je fasse rentrer mes fonds.

INTERROGATION.

INDICATIF.

Elargis-je trop cet appartement ?

Affermis-tu ton fils dans la résolution de se marier ?

Avertit-il de le suivre de suite pour aller ven-
danger ?

Etourdissons-nous nos voisins, en donnant du cor ?

Amollissez-vous vos cornes à l'eau bouillante ou
à l'eau tiède ?

Finissent-ils enfin de parler, ils m'ennuient beaucoup ?

IMPARFAIT.

Divertissais-je hier l'assemblée par mes chansons
gaillardes !

Fournissais-tu tout le grain pour l'armée d'Espagne ?

Guérissait-il parfaitement les engelures, avec son remède ?

Punissions-nous justement cet enfant, parce qu'il ne savait pas ses leçons ?

Définissiez-vous bien le problême que je vous donnai l'année dernière ?

Applaudissaient-ils avec empressement toutes les règles rédigées pour les langues mortes ?

PASSÉ DÉFINI.

Fournis-je hier de bons haricots à votre pension ?

Emplis-tu, la semaine dernière, toutes tes caves de vins rouges ?

Remplit-il tout son grenier de blé, l'année dernière ?

Convertîmes-nous en lingots, hier, tout l'argent qui était dans nos coffres ?

Blanchîtes-vous, dans la quinzaine dernière, quinze quintaux de coton ?

Ensevelirent-ils, dans le même trou, tous les soldats tués à la bataille d'Ivry ?

PASSÉ INDÉFINI.

Ai-je nourri une vipère, en te recevant chez moi ?

As-tu perverti ton cœur, en suivant les avis de ces hommes turbulens ?

A-t-il agi comme il le devait envers vous ?

Avons-nous attendri notre juge sur nos malheurs?

Avez-vous établi un prix fixe pour la vente de
votre poisson ?

Ont-ils élargi ces innocentes victimes de la cu-
pidité ?

PLUSQUEPARFAIT.

Avais-je affermi votre courage, quand nous fûmes
attaqués par les voleurs ?

Avais-tu averti ce misérable qu'il allait être arrêté?

Avait-il étourdi son ami par ses condoléances,
quand j'arrivai ?

Avions-nous amolli nos ivoires pour faire des
éventails, quand le feu prit à notre cheminée ?

Aviez-vous fini de boire votre vin, quand je vous
en ai envoyé une pièce ?

Avaient-ils diverti toutes leurs avances, quand je
leur ai prêté trois mille francs ?

FUTUR.

Fournirai-je, ce soir, le vin de la fête ?

Empliras-tu tes cruches du vin de Falerne, pour
te donner des idées de composition ?

Remplira-t-il son grenier de pierres, pour asom-
mer les ennemis ?

Convertirons-nous tous ces métaux en une seule
masse, pour leur donner plus de ductibilité ?

Blanchirez-vous une douzaine de paires de bas
  aujourd'hui ?

Enseveliront-ils demain tous ces morts ?

FUTUR COMPOSÉ.

Aurais-je nourri tous mes oiseaux avant l'hiver ?

Auras-tu perverti l'âme de cette jeune fille, en
  la conduisant dans de mauvaises sociétés ?

Aura-t-il agi contre nous, sans se rappeler de
  nos bienfaits ?

Aurons-nous attendri cette âme dure, par l'envoi
  de nos pétitions ?

Aurez-vous établi votre domicile à la campagne,
  quand j'y serai arrivé ?

Auront-ils élargi leurs carrés de jardinage, avant
  l'arrivée de leur tuteur ?

CONDITIONNEL.

Affermirais-je son amour pour l'étude, si je lui
  donnais quelques pièces de monnaie ?

Avertirais-tu nos convives que nous les attendons
  pour dîner ?

Etourdirait-il votre grand'mère, s'ils jouaient
  dans ce salon ?

Amollirions-nous suffisamment cette cire, en la
  mettant au soleil avant une heure ?

Finiriez-vous cette pièce de vers, si je vous donnais une journée ?

Divertiraient-ils l'assemblée, si nous les invitions à la soirée de lundi ?

CONDITIONNEL COMPOSÉ.

Aurais-je fourni du pain à un fripon, n'en serais-je jamais payé ?

Aurais-tu empli toi-même ce grand tonneau de vin, si je ne t'eusses aidé ?

Aurait-il rempli sa chambre de danseurs et de danseuses, si son père ne fût arrivé ?

Aurions-nous converti tout notre or en bijoux, si nous eussions eu dix ouvriers de plus !

Auriez-vous blanchi à la vapeur ces toiles, si je l'eusse voulu ?

Auraient-ils enseveli leur père sans verser une larme ?

AUTREMENT.

Eussé-je nourri convenablement ces officiers, si j'eusse mis un plat de plus sur la table aujourd'hui ?

Eusses-tu perverti ce jeune homme en ma présence ? je ne le crois pas.

Eût-il agi sans vous, si vous ne l'aviez pas insulté gratuitement ?

Eussions-nous attendri notre général, si je me
   fusse présenté à lui avec ma femme et mes
   enfans ?

Eussiez-vous établi votre principal manoir à Bercy,
   si je vous eusse prêté vingt mille francs ?

Eussent-ils élargi les prisonniers, si vous lui
   eussiez demandé grâce pour eux ?

CONJUGAISON DES VERBES SUR *RENDRE*.

INDICATIF.

J'*attends* votre lettre pour partir.

Tu *détends* ce pistolet, prends garde à tuer quelqu'un, il est chargé.

Ce n'est point à notre âge qu'on *étend* sa répu-
   tation. 156.

Il *prend* la bille trop plein. 156.

Nous *vendons* nos vins bon marché. 157.

Vous *revendez* vos fruits trop cher.

Ils *tendent* des piéges à ce coq qui a les ergots
   trop longs. 158.

IMPARFAIT.

J'*entendais* le son de la grande cloche, quand j'ai
   appris la mort du maire.

Tu *prenais* la peine de me faire un mémoire,

8

quand j'ai appris que j'avais gagné mon procès.

Il *pendait* son habit à un arbre, quand la pluie est tombée fortement.

Nous *suspendions* nos travaux, lorsque nous avons appris que la guerre était déclarée.

Vous *descendiez* dans la cave, quand je suis arrivé.

Ils *condescendaient* à leurs désirs, quand il a su qu'ils n'en étaient pas dignes.

PARFAIT DÉFINI.

Je *répandis* hier beaucoup de vin dans la cave.

Tu *prétendis* à tort, la semaine dernière, que je te devais de l'argent.

Il *fendit*, l'année dernière, un arbre assez gros en deux coups de hache.

Nous *défendîmes* nos voisins de toute insulte de l'ennemi dans la dernière guerre.

Vous *refendîtes* vos poutres en deux, il y a deux ans.

Ils *répondirent* à vos lettres lundi dernier.

PARFAIT INDÉFINI.

J'ai *mordu* au hameçon mieux que je ne croyais.

Tu *as tordu* ce matin plus de quatre quintaux de coton.

Cette poule *a pondu* un œuf très-gros.

Nous *avons fondu* cette semaine plus de cent kilots de suif.

Vous *avez refondu* mal à propos votre bismuth.

Ils *ont attendu* long-temps votre arrivée avant de partir.

PARFAIT ANTÉRIEUR.

Dès que j'*eus détendu* mes cordes, tout l'échafaudage tomba.

Dès que tu *eus étendu* hier ton linge, il vint une grande pluie.

Lorsqu'il *eut vendu* son seigle ergoté, il se rendit à la ville pour faire des emplettes.

Lorsque nous *eûmes revendu* les grains de votre granger, vous en achetâtes d'autres.

Nous partîmes pour les îles dès que nous *eûmes répandu* avec profusion nos ouvrages.

Dès qu'ils *eurent tendu* le piége, ils prirent un énorme loup.

PLUSQUEPARFAIT.

J'*avais répandu* avec profusion de fortes sommes quand vous arrivâtes.

Tu *avais prétendu* mal à propos que cet homme avait du savoir, je me suis convaincu du contraire.

Il *avait entendu* un hourvari extraordinaire, quand
je suis arrivé près de lui. 159.

Nous *avions fendu* du bois bien dur avec ces
coïns, quand nous les avons perdus.

Vous *aviez défendu* les intérêts de votre cousine
avec chaleur, quand vous fûtes convaincus
qu'elle vous trahissait.

Ils *avaient refendu* plusieurs planches d'acajou,
avant que vous leur ayez envoyé de bonnes
scies.

FUTUR.

Je *répondrai* ce soir à la lettre de cet homme.

Tu *mordras* donc toujours, même en badinant.

Il *tordra* le col à plusieurs oies ce soir.

Nous *fondrons* de la cire et de l'axonge pour faire
du cérat.

Vous *refondrez* ce soir cette belle bougie, je crains
que vous la rendiez jaune.

Ces dindes *pondront* vingt œufs chacune, qu'elles
couveront.

FUTUR COMPOSÉ.

J'aurai attendu bien long-temps ces voyageurs,
avant que vous ayez pris votre place.

Tu *auras vendu* cent pièces de vin, avant que
j'en puisse vendre une.

Il *aura pendu* vingt gilets à sa porte, avant que
tu aies ouvert ton magasin.

Nous *avons détendu* notre arc après avoir gagné
le prix et avant que vous soyez sorti de chez
vous.

Vous *aurez entendu* deux messes de ce prêtre,
avant que le curé ait dit la sienne.

Ils *auront pris* les chevaux de votre fermier, avant
que ce dernier ait eu de vos nouvelles.

Je ne donnerai qu'un exemple des temps surcomposés suivans, parce qu'ils sont peu en usage.

Si j'*avais eu étendu* mes linges, ils seraient secs
maintenant.

Quand j'*ai eu suspendu* mes payemens, quoique
par force majeure, tout le monde me fuyait.

Dès qu'il *aura vendu* toutes ses récoltes, il vien-
dra à Paris.

J'*aurais eu revendu* tous ces domaines, s'ils eussent été placés dans tout autre canton.

CONDITIONNEL.

Je *prendrais* du bon café ce matin, si j'allais
jusqu'au Palais-Royal. 160.

Tu me *rendrais* plus justice, si tu me connaissais
mieux. 161.

Il *attendrait* long-temps une place, si je ne le plaçais moi-même.

Nous *prendrions* garde de répandre le bouillon, si nous étions à votre place. 162.

Vous *entendriez* raillerie, plaisanterie, si vous aviez l'esprit bien fait; mais vous êtes méchant. 163.

Ils *entendraient* parfaitement la raillerie, s'ils avaient auprès d'eux des gens d'esprit.

CONDITIONNEL COMPOSÉ.

J'*aurais entendu* une musique détestable, une vraie cacophonie, si je me fusse rendu à ce prétendu concert. 164.

Tu *aurais attendu* en vain de belles orgues de Nanci, si je ne t'eusse invité d'en acheter à Paris. 165.

Il *aurait pris* tous les jours le quignon du pain, s'il l'eût osé. 166.

Nous *aurions attendu* long-temps le panégyrique du capitaine, si le colonel ne l'eût pas fait lui-même.

Vous *auriez vendu* ces livres cinq francs chacun, si j'eusse voulu vous croire. 167.

Ils *auraient entendu* long-temps vos prières sans y faire droit, si je ne fusse survenu.

AUTREMENT.

J'*eusse détendu* les cordes de mon violon hier, si
    j'eusse pensé qu'elles auraient cassé.

Tu *eusses pris* mal aux dents, si je ne t'avais
    appris lundi à te les nettoyer.

Il *eut suspendu* toute communication avec vous
    depuis la semaine dernière, s'il m'eût cru.

Nous *eussions vendu* nos grains bien cher, si les
    réquisitions de cette année ne les eussent
    enlevés.

Vous *eussiez revendu* vos biens mardi, si vous
    n'aviez pas été trahi.

Ils *eussent suspendu* de leurs fonctions le maire
    et les adjoints, s'ils eussent connu leurs
    méfaits.

IMPÉRATIF.

Apprends que ton frère fait des affaires consi-
    dérables. 168.

Qu'il *attende* une heure chez lui, j'irai l'y trouver.

Vendons nos vieux habits pour en avoir de neufs.

Pendez ces lièvres à la porte, ils attireront les
    châlans.

Qu'ils *détendent* leurs armes, je ne les crains
    point.

SUBJONCTIF.

On veut que je *prenne* patience, quand on fait
tout ce que l'on peut pour m'impatienter.

Je veux que tu me *vendes* ton cheval, j'en ai
besoin pour un voyage.

Il faudra qu'il *suspende* toute poursuite contre
vous, je l'en prierai.

On aime que nous *apprenions* à faire de beaux
paraphes. 169.

Il voudra que vous *condescendiez* à ses volontés,
vous ne pouvez vous y refuser.

Il ne veut pas que ces chiens le *mordent*, il passera d'un autre côté.

IMPARFAIT.

On voudrait que j'*attendisse* quelque temps mon
débiteur, je ne le puis.

On désirerait que tu *vendisses* tes terres, pour te
voir habiter la capitale.

Il faudrait qu'il *fendît* ces bois, pour faire des
formes.

On penserait que nous *rendissions* nos armes à
ces dangereux ennemis.

On désirerait que vous *entendissiez* ce soir l'ac-
teur Perlet, au Gymnase dramatique.

Je voudrais qu'ils *revendissent* leurs chevaux, ils
    sont mauvais.

On demanderait que lui ou moi *prît* cette cham-
    bre à location.

On voudrait que moi et eux *entreprissions* cette
    négociation difficile.

Si c'était vous et eux qui *étendissiez* vos mou-
    choirs, ils seraient secs aujourd'hui.

Si c'était eux ou nous qui *prissent* part à l'action,
    je crois que nous réussirions.

Je doute qu'il *suspendît*, quant à présent, ses
    poursuites contre son débiteur, à mon in-
    vitation.

Son frère a voulu qu'il *entreprît* cette année ce
    commerce qui l'a ruiné.

J'aurais voulu que nous *prissions* de suite l'ini-
    tiative dans cette affaire.

Nous aurions désiré qu'il *attendît* au moins jus-
    qu'à midi, il nous aurait alors parlé.

J'avais toujours voulu qu'il *vendît* son cheval à
    la dernière foire, il ne m'a pas écouté.

PARFAIT.

Il a fallu que j'*aie appris* cette nouvelle, pour
    ne plus avoir de repos.

Il aura désiré en vain que tu *aies vendu* tes livres,
    tu ne l'as pas voulu par entêtement.

On a voulu qu'il *ait pris* un verre de vin avant
    de déjeûner.

Il aura fallu que nous *ayons attendu* long-temps
    votre père sans le voir.

Il aura donc voulu, sans succès, que vous *ayez
détendu* les cordes de votre harpe.

J'ai désiré qu'ils *aient vendu* leurs moutons, parce
qu'ils n'avaient pas pour les nourrir.

On aura voulu que toi et eux *ayez tendu* votre
arc pour tirer à l'oiseau.

On a demandé que vous, votre sœur et moi *ayons
entrepris* un commerce dans lequel nous nous
sommes ruinés.

On a désiré que toi, ou lui, ou moi, *ait entendu*
le célèbre Talma.

On a voulu que tes frères, ou tes sœurs, ou tes
oncles, ou nous *aient descendu* dans la cave.

PLUSQUEPARFAIT.

Si on eût désiré que j'*eusse condescendu* hier à tes
volontés, je m'y serais résigné.

Il aurait fallu que tu *eusses pris* mes gands, tu
n'aurais pas eu froid.

J'aurais voulu qu'il *eût répandu* partout le bruit
de sa victoire.

On aurait désiré que nous *eussions fendu* toute
cette pile de bois.

On s'était imaginé que vous *eussiez refendu* ces bûches pour allumer le feu.

On aurait pensé qu'ils *eussent défendu* à leurs enfans de maltraiter les miens.

Si ç'avait été, ou si ç'eût été elle et nous qui *eussions entrepris* cette négociation, nous aurions réussi.

Si ç'eût été ton frère et toi qui *eussiez répandu* de l'huile sur ma robe, je vous gronderais.

Si ç'eût été toi ou moi qui lui *eût répondu*, il serait venu nous voir.

Si ç'eût été eux ou nous qui *eussions fondu* ces lingots, nous en connaîtrions le déchet.

INFINITIF.

Il faut *mordre* à ce pain, puisque tu n'as point de couteau.

J'ai pensé à *tordre* le col à ton domestique, il m'a insulté effrontément.

J'avais pensé *fondre* aujourd'hui ma composition pour des cuillers.

J'aurais cru *refondre* ce morceau de fer, je ne l'ai pu malgré le feu le plus intense.

Je viens d'*attendre* fort long-temps, et je n'ai vu personne chez vous.

J'irai ce soir chez vous pour me *rendre* de là au musée.

On pense que sans *détendre* ses cordes il pourra
  jouer sans accorder.

Il aura donc voulu *vendre* un chien cent louis.

Il aurait désiré *étendre* ses relations dans votre
  ville ; mais il n'a pas su s'y prendre.

Il a voulu, mais à tort, *revendre* son char à banc,
  il n'a pu y réussir.

Il aura voulu *avoir tendu* cette tapisserie avant
  d'être appelé.

Il a voulu *avoir entendu* un coup de canon, il
  s'est trompé.

Il aurait désiré *avoir refendu* ces planches d'acajou,
  si on le lui eût permis.

Pour *avoir répondu* pour un ami, j'ai perdu toute
  ma fortune.

Il était à *devoir étendre* ses tapisseries, si la pluie
  ne fût survenue.

Sans *avoir pris* pour certain ce que vous me
  disiez, cependant je me suis retiré.

En *pendant* vos saucissons à la cheminée, vous
  les conserverez long-temps.

Cet individu *suspendant* sa marche, ne pourra
  arriver chez lui au jour.

Ayant descendu dans la rue, j'ai aperçu plusieurs
  personnes qui se battaient.

Devant condescendre à vos volontés, vous devriez
  être moins exigeant.

Nous sommes à *devoir répandre* beaucoup d'or pour nous sauver de ce mauvais pas.

INTERROGATION.

INDICATIF.

Est-ce que je prends du café aujourd'hui ? 170.
Prené-je du café aujourd'hui ? 171.
Attends-tu ton frère aujourd'hui ?
Détend-il sa tapisserie avant la fin de la procession ?
Entendons-nous le canon qui gronde !
Vendez-vous de l'orviétan ?
Revendent-ils avec avantage les meubles qu'ils ont achetés ?

IMPARFAIT.

Tondais-je mes moutons, quand vous êtes arrivé ?
Entendais-tu avec plaisir les accens enchanteurs de cette actrice ?
Prenait-il du tabac dans sa jeunesse ?
Pendions-nous nos habits à un porte-manteau, à la campagne ?
Suspendiez-vous votre drapeau à la voûte de votre salon ?
Descendaient-ils toujours à la cave, est-ce qu'ils n'y laissaient pas aller leurs domestiques ?

PASSÉ DÉFINI.

Condescendais-je hier à tes volontés, mon cher
    Hypolite !

Répandis-tu toute ton huile sur le plancher, en
    cassant ta cruche lundi ?

Prétendit-il à votre main, l'année dernière ?

Fendîmes-nous la tête à un voleur hier, lorsque
    nous fûmes attaqués ?

Défendîtes-vous avec chaleur, à l'audience de
    mercredi, les intérêts de vos cliens !

Refendirent-ils, jeudi après notre départ, les
    planches de noyer que je leur ai vendues.

PASSÉ INDÉFINI.

Ai-je répondu au ministre suivant vos désirs !

As-tu mordu à cette pomme avec appétit !

Cette poule *a-t-elle pondu* son œuf ?

Avons-nous tordu ces cordes suffisamment ?

Avez-vous fondu votre cuivre et votre zing en-
    semble, pour donner à ces métaux plus de
    ductibilité.

Ont-ils refondu cet or dans le creuset que j'ai
    envoyé ?

PLUSQUEPARFAIT.

Avais-je attendu, quand je vous ai vu entrer
    dans votre jardin ?

Avais-tu détendu ton arme à feu dans l'intention de tuer ton frère ?

Avait-il étendu ses tapis dans les salons du ministre, quand vous y êtes entré ?

Avions-nous vendu notre maison de campagne, quand vous avez acheté celle que vous possédez ?

Aviez-vous revendu votre jument grise au maître de poste, quand je suis venu pour l'acheter ?

Avaient-ils tondu les buis du jardin, quand Pierre avait taillé les arbres ?

FUTUR.

Entendrai-je toujours vos impudens discours ?

Prendras-tu ton habit vert pour assister à la réunion de ce jour ?

Pendra-t-il ce soir son manteau à un arbre, pour le faire voler ?

Suspendrons-nous le préfet de ses fonctions, ou le destituerons-nous ?

Descendrez-vous à Vienne sur le Rhône ?

Condescendront-ils aux volontés du Prince, ces hommes barbares ?

FUTUR COMPOSÉ.

Aurai-je répandu en vain mes bienfaits sur cette commune !

Auras-tu prétendu à une place si élevée, toi qui ne sais rien ?

Aura-t-il fendu ce banc en le surchargeant ?

Aurons-nous défendu notre pays pour le voir livrer, sans coup-férir, à l'ennemi ?

Aurez-vous refendu, ce soir, les planches de cerisier que je vous ai vendues ?

Auront-ils mal *répondu* à leur père, car je le vois en colère ?

CONDITIONNEL.

Mordrais-je à cette rôtie de beurre, si j'*avais faim* avant la nuit !

Tordrais-tu le coup à ce canard d'une seule main ?

Pondrais-tu encore un œuf, ma chère poule !

Fondrions-nous aujourd'hui notre platine à l'acide muriatique oxigéné ?

Refondrions-nous cet or blanc sans employer le muriate de soude, le manganaise et l'acide sulfurique sur-oxigéné ?

Attendraient-ils deux heures pour que j'allasse avec eux à la chasse ?

CONDITIONNEL COMPOSÉ.

Aurais-je détendu mes cordes, en les exposant à l'humidité ?

Aurais-tu étendu ton fumier sur tes melons, avant le lever du soleil ?

Aurait-il vendu sa voiture au percepteur des contributions, si je lui eusse annoncé sa destitution ?

Eussions-nous tondu ces chiens moutons, si nous eussions pensé au froid ?

Auriez-vous entendu du bruit dans la cour, que je vous voie si effrayée ?

Auraient-ils pris à tâche de vous insulter, ces impudens menteurs ?

AUTREMENT.

Eussé-je pendu ce brigand aujourd'hui à un arbre, que j'aurais bien fait ?

Eusse-tu suspendu, lundi dernier, tes armes à la porte de ton cabinet, que cela ne m'aurait point empêché d'entrer !

Eût-il descendu aujourd'hui à St-Cloud, sur la Seine, avant l'aurore, qu'il ne m'aurait pas trouvé !

Eussions-nous condescendu à toutes vos volontés, que vous n'eussiez pas été contens !

Eussiez-vous répandu tout l'argent que vous possédez, que vous n'auriez pas réussi à vous faire aimer !

Eussent-ils prétendu à notre alliance, que nous

9

les aurions congédiés si j'eusse connu leurs mœurs !

CONJUGAISONS DU VERBE *RECEVOIR* ET AUTRES.

INDICATIF.

Je *reçois* une lettre de Lyon.

Tu *redois* deux cents francs à ton frère.

Il *doit* six cent mille francs à son ami le plus sincère.

Nous *apercevons* venir l'homme le plus instruit de son siècle.

Vous ne *concevez* donc pas ce que je vous enseigne.

Ils *perçoivent* cinq centimes pour le passage du pont des Arts.

IMPARFAIT.

Je *concevais* bien hier ce que vous me disiez ; mais je n'ai voulu le faire apercevoir à votre mère.

Tu *recevais* de tous les côtés, tu n'as donc point de mérite à avoir fait fortune.

Il *redevait* plus qu'il ne possédait, quand je me suis associé avec lui.

Nous *devions* plus de vingt mille francs, quand nous nous sommes mariés.

Vous *aperceviez* hier ce militaire chéri, quand il a disparu à l'instant à nos yeux.

Ils le *décevaient* par de trompeuses espérances, quand je lui ai dessillé les yeux.

PARFAIT DÉFINI.

Je *perçus* hier plus de douze cents francs sur le pont de fer.

Tu *conçus* une bonne idée, quand tu pensas à vendre tes terres pour venir à Paris.

Il *reçut* une pièce de vin hier, avant neuf heures du matin.

Nous *redûmes* environ six francs, hier soir, sur le compte réglé avec mon oncle.

Vous *dûtes*, la semaine dernière, à votre courage la belle place que vous occupez.

Ils *aperçurent*, mardi dernier, un loup énorme dans les bois de Vincennes.

PARFAIT INDÉFINI.

J'*ai reçu* de bonnes nouvelles de l'armée.

Tu *as redu* vingt-cinq francs au meûnier, après lui avoir payé trois cents francs.

Il *a dû*, toute cette semaine, des sommes énormes à ses ouvriers.

Nous *avons aperçu* vos bœufs paître dans notre pré aujourd'hui.

Vous *avez déçu* ce jeune homme, en lui pro-
mettant la main de votre fille.

Les commis *ont perçu* plus de vingt mille francs
sur l'entrée des vins.

PARFAIT ANTÉRIEUR.

Aussitôt que *j'eus conçu* l'idée de me fixer à
Paris, je n'eus plus un moment de repos.

Quand *j'eus reçu* ma légitime, je me rendis à
Marseille pour m'embarquer.

Dès qu'il *eût redu* vingt mille francs d'après nos
comptes, il se précipita dans un abîme de
maux.

Nous *eûmes dû* vingt mille francs, avant d'avoir
retiré dix mille francs de nos ouvrages.

Vous *eûtes aperçu* le voleur bien long-temps avant
qu'il vous attaqua.

Dès qu'ils *eurent déçu* votre frère par l'espoir
d'une place honorable, il se livra à toutes
les extravagances possibles.

PLUSQUEPARFAIT.

J'*avais perçu* le droit de péage deux ans avant
votre arrivée.

Tu *avais conçu* un joli plan de fortification; c'est
malheureux que l'on ne l'ait pas mis à exécution.

Il *avait reçu* une jolie chienne de chasse, lorsqu'il vînt ici.

Nous *avions redu* plusieurs sommes à votre frère pendant quelques mois, quand vous nous fîtes un obligeant prêt.

Vous *aviez dû* des égards à vos maîtres, et cependant vous ne les avez jamais respectés.

Ils *avaient aperçu*, ce matin, plusieurs perdreaux dans le bois de Vincennes, quand le chien a fait lever un lièvre.

FUTUR.

Je *décevrai* ce paysan par des promesses flatteuses.

Tu *percevras* les droits du timbre sur cent rames de papier.

Il *concevra* de belles choses toutes les fois qu'il saura se prémunir contre les mauvais livres.

Nous *recevrons*, demain, quelques fruits des plus beaux.

Vous *redevriez* peu de chose au percepteur, suivant vos quittances.

Ils *devront* six cents francs à leur mère.

FUTUR COMPOSÉ.

J'*aurai aperçu* mes fautes avant que vous vous soyez corrigé des vôtres.

Tu *auras déçu* tous tes contemporains, par tes ouvrages sur les sciences.

Il *aura perçu* un droit exorbitant avant que tu l'aies fait destituer.

Nous *aurons conçu* la grande idée sur la construction du canal, avant que vous ayez pensé à arpenter le domaine de votre oncle.

Vous *aurez reçu* douze cents francs avant que j'en aie reçu deux cents.

Quoi ! ils *auront redu* vingt pistoles sur ce cheval, cela n'est pas possible.

———

Je ne donnerai qu'un exemple de chacun des temps surcomposés qui suivent, parce qu'ils sont peu en usage.

Si j'*avais eu dû* vingt francs au cabaretier, il n'aurait pas attendu vingt ans pour me les demander.

Quand j'*ai eu aperçu* notre capitaine arriver, je suis allé au-devant de lui.

Dès que j'*eus eu déçu* cet étourdi par l'annonce d'une souscription, il devint paresseux.

Dès qu'il *aura eu perçu* des sommes exorbitantes sur les capitaux déposés, il se retirera.

J'*aurais eu conçu* de graves soupçons sur votre bonne foi, sans une circonstance survenue à propos.

CONDITIONNEL.

Je *recevrais* une bonne provision de sucre, si
j'avais des écus.

Tu *redevrais* huit cents francs au maire, si je
n'avais payé pour toi.

Il *devrait* six quintaux de raisin au fruitier, si
celui-ci eût voulu lui faire crédit.

Nous *apercevrions* le Panthéon, si l'on n'avait
pas bâti la maison que vous voyez.

Vous *décevriez* ces paysans par la promesse d'un
meilleur sort, si je ne les eusse avertis.

Ils *percevraient* douze cents francs de droit, si je
ne leur eusse pas fait comprendre la loi.

CONDITIONNEL COMPOSÉ.

J'*aurais conçu* un plan d'architecture dans un joli
style, si votre oncle m'eût confié la construction de sa maison.

Tu *aurais reçu* le payement de ta créance, si
tu l'eusses exigé.

Nous n'*aurions redu* qu'une petite somme, si
vous eussiez voulu recevoir l'année dernière.

Vous *auriez dû* beaucoup, si votre mère n'eût
payé pour vous.

Ils *auraient aperçu* les travaux des abeilles dans
cette ruche, si elle eût été de verre.

AUTREMENT.

J'*eusse aperçu* vos défauts, si vous n'eussiez pas pris tant de soins à les cacher quand vous restiez chez moi.

Tu *eusses déçu*, hier, nos amis par des protestations d'amitié, si ton plus cruel ennemi ne se fût point trouvé ici.

Il *eût perçu* double droit, lundi dernier, s'il ne m'eût connu.

Nous *eussions conçu* vos idées, si vous nous les eussiez mieux expliquées lundi dernier.

Vous *eussiez reçu* une forte contusion à la tête, hier soir, sans votre voisin qui vous a soutenu.

Ils *eussent reçu*, la semaine dernière, leurs enfans de nourrice, si le froid n'eût pas été si violent.

IMPÉRATIF.

Aperçois combien tu te trompes.

Qu'il *reçoive* les arrhes, son marché est avantageux.

Redevons quelque chose, plutôt que de manquer d'argent pour notre voyage.

Devez plutôt mille francs, que de manquer cette affaire.

Qu'ils *perçoivent* les droits, et qu'ils nous laissent tranquilles.

SUBJONCTIF.

Il faut que je *conçoive* aussi-bien les choses, pour
vous les définir.
On voudra que tu *reçoives* quelques nouvelles de
l'étranger.
On désire qu'il ne *redoive* que cent francs sur sa
promesse.
Il voudra donc que nous ne *devions* plus que
deux cents francs sur l'acquisition de cette
terre.
Je veux que vous *aperceviez* vos défauts, pour
vous en corriger.
Il prétend qu'ils *déçoivent* ces demoiselles par
des espérances chimériques.

IMPARFAIT.

On voudrait que je *perçusse* double droit sur ces
eaux de vie.
On désirerait que je *conçusse* avec facilité ce
qu'on m'explique.
Il faudrait qu'il *reçût* son vin de Champagne,
pour le déjeûner de lundi.
On penserait que nous *redussions* deux francs sur
la pièce de calicot que nous avons achetée !

On voudrait que vous *dussiez* seul vingt mille
     francs à votre colonel.

On voudrait qu'ils *aperçussent* tout au moins leurs
     fautes les plus graves.

On demanderait que ton oncle ou toi *perçût* les
     impôts de cette année.

On voudrait que moi, eux et vous *déçussions* le
     magistrat, par notre éloquence accoutumée.

Si c'était vous et eux qui *conçussiez* le projet de
     partir pour Lyon, on serait sûr de l'exécution.

Si c'était eux ou nous qui *reçussent* de l'argent,
     nous dînerions ensemble.

Je doute qu'il *redît* maintenant la plus petite
     somme à son père.

Son oncle a voulu qu'il *dît* pour lui les impôts
     de cette année.

J'aurais voulu que nous *aperçussions* de suite
     quels étaient les convives qui nous arrivaient.

Nous aurions désiré qu'il *déçût* le cardinal, par
     la promesse d'un grand héritage.

J'avais voulu qu'il ne *perçût* qu'un droit simple.

PARFAIT.

Il a fallu que j'*aie conçu* la brillante idée de faire
     construire ce château, pour me tirer d'em-
     barras.

Il aura donc désiré en vain que tu *aies reçu* le montant de ta succession.

On a voulu qu'il *ait redu* une forte somme; cependant il ne redevait que peu de chose.

Il aura fallu que nous *ayons dû* autant à votre père, pour ne trouver aucune ressource chez son fils ainé.

Il aura donc voulu, sans succès, que vous *ayez aperçu* le danger où vous plonge votre inconduite.

J'ai désiré qu'ils *aient déçu* ce vilain homme, par les menaces les plus fortes.

On aura voulu que toi et eux *ayez perçu* vingt francs d'impositions de plus qu'il n'était dû.

On a demandé que vous, votre sœur et moi *ayons conçu* le plan du parterre que vous voulez faire établir.

On a désiré que toi ou lui, ou moi *ait reçu* d'avance les arrhes du marché.

On a voulu que tes frères ou tes oncles, ou nous *aient reçu* de vous dix fois plus que vous ne deviez effectivement.

PLUSQUEPARFAIT.

Si on eût voulu que *j'eusse aperçu* les fautes dans votre version, il fallait du moins que je l'eusse lue.

Il aurait fallu que tu *eusses déçu* cet importun, par des menaces virulentes.

J'aurais voulu qu'il *eût perçu* les droits d'enregistrement sur cet acte aujourd'hui.

On aurait désiré que nous *eussions conçu* le plan d'un labyrinthe pour votre jardin.

On s'était imaginé que vous *eussiez reçu* votre légitime, si on nous eût mandé de venir.

On aurait pensé qu'ils *eussent redu* cent francs en reste ; cependant ils avaient tout payé.

Si ç'avait été, ou si ç'eût été elle et nous qui *eussions dû* à cet usurier, il nous aurait poursuivi sans relâche.

Si ç'eût été ton frère et toi qui *eussiez aperçu* cet homme se conduisant mal, vous l'auriez abandonné.

Si ç'avait été toi ou moi qu'il *eût déçu* par de trompeuses promesses, nous nous en serions aperçus.

Si ç'eût été eux ou nous qui *eussions perçu* les droits de péage, nous n'aurions demandé que ce qui était légitimement dû.

INFINITIF.

Il faut bien mal *concevoir* les choses, pour ne pas s'apercevoir que l'on fait erreur.

J'ai failli à *recevoir* une forte contusion à la tête.

J'avais cru *redevoir* trois pistoles, je n'en redois cependant qu'une.

J'aurais cru ne *devoir* au percepteur que cent francs, je lui en dois deux cent vingt-cinq.

Je viens d'*apercevoir* l'avant-garde de votre régiment.

J'irai ce soir chez le fermier, pour *percevoir* les cinq douzièmes des impôts.

On croit que sans *décevoir* vos amis par des espérances illusoires, ils vous seront utiles.

Il aura fallu *concevoir* un plan aussi lumineux, pour réussir dans cette entreprise.

Il aurait désiré *recevoir* des nouvelles de son épouse.

Il a voulu, mal à propos, *redevoir* une petite somme à son domestique; il s'est décrédité.

Il aura voulu *avoir dû* à son percepteur, avant l'échéance.

Il a pensé n'*avoir redu* à ses contribuables que quelques avances, quand ceux-ci en ont réclamé de considérables.

Il aurait désiré *avoir aperçu* plutôt le danger dans lequel il s'est jeté; il s'en serait éloigné.

Pour *avoir perçu* un mois d'avance les impôts, il a été destitué.

Il était à *devoir décevoir* toute la populace de l'espoir d'un meilleur sort, quand il est mort subitement.

Sans *avoir conçu* ce que m'enseignait mon professeur, j'ai néanmoins fait quelques progrès dans les sciences.

En *recevant* la nouvelle de la mort de mon oncle,
je me suis trouvé mal.

Pierre *redevant* à Paul une petite somme, celui-ci
l'a poursuivi en remboursement sans relâche.

Ayant dû de fortes sommes, je n'ai pu faire
honneur à mes affaires.

Devant apercevoir bientôt les premiers rayons du
soleil, je vais me mettre en marche.

Tu as *à devoir percevoir* aujourd'hui le droit du
fisc pour le receveur.

INTERROGATION.

Ayant oublié l'interrogation du Verbe *Avoir*,
je vais l'intercaler dans les suivantes.

INDICATIF.

Ai-je un beau cheval à vendre ?

Conçois-tu ce que je viens de te dire sur la botanique ?

Reçoit-il souvent des visites dans son village ?

Redevons-nous quelque chose à nos domestiques ?

Devez-vous aux vendangeurs de fortes sommes ?

Aperçoivent-ils les fautes qu'ils commettent chaque jour ?

IMPARFAIT.

Avais-je une force et une souplesse extraordinaire
à vingt-cinq ans !

Décevais-tu tous ceux qui t'approchaient, avant
que je me rendisse chez toi ?

Percevait-il les impôts l'année dernière dans le
village voisin ?

Concevions-nous de grandes espérances de notre
fils aîné, quand la guerre l'a enlevé à ses
malheureux parens ?

Receviez-vous souvent des nouvelles du père Fra-
part, quand vous étiez à Paris ?

Redevaient-ils une somme de cent francs à votre
fils, quand ils sont partis ?

PARFAIT DÉFINI.

Eu-je, hier, une bonne idée d'acheter de beaux
fruits ?

Dus-tu, dans l'année dernière, quelques sommes
à tes ouvriers ?

Aperçut-il, avant-hier, qu'on se moquait de lui
au dîner que tu donnas ?

Déçûmes-nous nos amis, mercredi dernier, à
l'attaque de la redoute ?

Perçûtes-vous beaucoup de cotes au dernier
marché de votre village ?

Conçurent-ils, en cinquième, les auteurs qu'on
leur expliqua l'année dernière ?

PARFAIT INDÉFINI.

Ai-je eu un violent mal de tête, dans les assem-
blées communales ?

As-tu reçu les lettres que tu attendais ?

A-t-il redu long-temps à votre frère, après avoir
fait le premier payement ?

Avons-nous dû des mille et des mille francs à
notre banquier ?

Avez-vous aperçu cet homme à barbe noire, qui
traversait le bois aujourd'hui ?

Ont-ils déçu leurs concitoyens, quand ils leur
promettaient un meilleur sort ?

PLUSQUEPARFAIT.

Avais-je eu la fièvre, quand vous arrivâtes hier
soir ?

Avais-tu perçu toutes les impositions avant la
fin de l'année ?

Avait-il conçu seul le plan de retraite, quand il
l'a exécuté ?

Avions-nous reçu notre payement, quand vous
arrivâtes lundi dernier ?

Aviez-vous redu quelque chose à votre tailleur,
après que je l'ai eu payé pour vous ?

Avaient-ils souvent *dû* à votre cousine, quand ils faisaient le commerce ?

FUTUR.

Aurai-je, ce soir, la visite de votre mère ?

Apercevras-tu qu'on se moque de toi continuellement à ta pension !

Décevra-t-il tous ses compagnons d'infortune ?

Percevrons-nous plus qu'il ne nous est dû ?

Recevrez-vous, ce soir, de l'argent du curé du village voisin ?

Devront-ils, demain, plus de deux cents francs à l'aubergiste ?

FUTUR COMPOSÉ.

Aurai-je eu une belle calèche pour faire mon voyage, quand vous serez arrivé ?

Auras-tu redu quelques cents francs, quand tu auras reçu ta légitime ?

Aura-t-il aperçu que son habit est déchiré, quand il se sera rendu à son domicile ?

Aurons-nous déçu nos compatriotes, en leur rapportant ce qu'a promis pour eux le Prince ?

Auront-ils perçu tout ce qui peut leur être dû dans ce village, quand je serai revenu ?

10

CONDITIONNEL.

Aurais-je une attaque de goutte, si je me mouillais les pieds ?

Recevrais-tu vingt francs, si je te les donnais pour avoir ton chien ?

Devrait-il une visite à votre dame, si elle arrivait à Paris ?

Redevrions-nous une obole, si vous aviez voulu me croire !

Apercevriez-vous, comme moi, votre père à une lieue d'ici ?

Décevraient-ils nos voisins, s'ils l'écoutaient parler ?

CONDITIONNEL COMPOSÉ.

Aurai-je eu une bonne bouteille de vin, si j'eusse envoyé chez vous ?

Aurais-tu perçu douze francs de plus qu'il ne t'était dû ?

Aurait-il conçu une violente passion pour les sciences, si on l'eût laissé à Paris !

Aurions-nous reçu de brillantes visites, si nous fussions restés à Lyon ?

Auriez-vous dû aux fournisseurs, si je ne vous eusse envoyé de l'argent !

Auraient-ils redu encore cinquante francs, si
    j'en eusse payé, pour eux, cent ?

AUTREMENT.

Eussé-je eu de bons chevaux, que nous n'aurions
    pu faire hier notre voyage ?

Eusses-tu aperçu tes fautes, aujourd'hui, dans tes
    versions, sans ton maître ?

Eût-il déçu, lundi, ces hommes rusés, s'il leur
    eût parlé ?

Eussions-nous perçu, l'année dernière, de fortes
    sommes dans la ville prise, si l'ennemi ne
    nous eût chassés !

Mesdames ! *eussiez-vous*, hier, *chanté* une ariette,
    si je vous en eusse prié ?

Eussent-ils conçu des soupçons sur notre fidélité,
    si vous ne lui aviez parlé de nous hier ?

Eussé-je eu une belle jument pour la course, que
    je ne l'aurais pas prêtée !

Aimasses-tu ton frère plus que toi-même, que tu
    ne pourrais consentir à dénouer le cordon
    de ta bourse !

Finît-il son ouvrage aujourd'hui, que vous ne le
    verriez pas ce soir !

Reçussions-nous maintenant trente mille francs,
    que nous ne pourrions parvenir à faire nos
    affaires !

Vendissiez-vous tous vos meubles maintenant, que vous ne pourriez avoir pour faire votre voyage!

Eussent-ils aujourd'hui vingt mille livres de rente, qu'ils ne payeraient pas leurs dettes !

CHANGEMENT DES VERBES *PASSIFS* EN *ACTIFS* ET DES VERBES *ACTIFS* EN *PASSIFS*.

INDICATIF.

J'*aime* les sciences. Les sciences *sont aimées* par moi.

Je *suis regardé* par mon frère comme un ami. Mon frère *me regarde* comme un ami.

Tu *enseignes* la langue anglaise à ta cousine. La langue anglaise *est enseignée* par toi à ta cousine.

Tu *es chéri* de tous ceux qui te connaissent. Tous ceux qui te connaissent *te chérissent*.

Il *reçoit* aujourd'hui du vin d'Espagne. Du vin d'Espagne *est* aujourd'hui *reçu* par lui.

Il *est condamné* par des juges intègres. Des juges intègres le *condamnent*.

Nous *préférons* la campagne à la ville. La campagne *est préférée* par nous à la ville.

Nous *sommes pris* par l'ennemi. L'ennemi *nous prend*.

Vous *avertissez* votre frère de ses fautes. Votre frère *est averti* par vous de ses fautes.

Vous *êtes considéré* comme un mauvais sujet par
tout le monde. Tout le monde *vous consi-
dère* comme un mauvais sujet.

Ils *assurent* cette maison contre l'incendie. Cette
maison *est assurée* par eux contre l'incendie.

Ces sommes *sont dues* par votre frère. Votre frère
doit ces sommes.

IMPARFAIT.

Je *prenais*, hier, une tasse de café quand vous
êtes arrivé. Une tasse de café *était prise* par
moi quand vous êtes arrivé.

J'*étais surpris* par l'ennemi sans ma légéreté. Sans
ma légéreté l'ennemi me *surprenait*.

Tu *gagnais*, hier, un terne à la loterie, si tu
m'avais cru. Un terne *était gagné* par toi,
hier, à la loterie, si tu m'avais cru.

Tu *étais maltraité* par ce méchant homme, sans
mon domestique. Ce méchant homme te
maltraitait, sans mon domestique.

Il *nourrissait* tous les jours vingt personnes, lors
de ses vendanges dernières. Lors de ses vendanges dernières, vingt personnes *étaient*
tous les jours *nourries* par lui.

Il *était tourmenté* par ses créanciers, quand je
lui envoyai une forte somme. Ses créanciers

le *tourmentaient*, quand je lui envoyai de fortes
sommes.

Nous *fournissions* du vin aux premiers de la
ville, quand nous étions marchands de vin.
Du vin *était fourni* par nous aux premiers de
la ville, quand nous étions marchands de vin.

Nous *étions gourmandés* par nos maîtres, lorque
nous le méritions. Nos maîtres nous *gour-
mandaient*, lorsque nous le méritions.

Vous *lâchiez* vos chiens, hier, quand je passai
près de vous. Vos chiens *étaient*, hier, *lâchés*
par vous, quand je passai près de vous.

Vous *étiez harassé* de fatigues, quand je vous ai
porté secours. Quand je vous ai porté secours, la fatigue vous *harassait*.

Ils *avançaient* leurs pots de fleurs sur leur balcon,
quand le soleil était passé. Leurs pots de fleurs
étaient avancés par eux sur le balcon, quand
le soleil était passé.

Ils *étaient anéantis* par un éboulement de terre,
si je ne les eusse avertis. Un éboulement de
terre les *anéantissait*, si je ne les eusse avertis.

PRÉTÉRIT DÉFINI.

Je *répandis*, hier, plus de vingt bouteilles de vin.
Plus de vingt bouteilles de vin *furent*, hier,
par moi *répandues*.

Je *fus appauvri* par ma mauvaise récolte de l'année dernière. Ma mauvaise récolte de l'année dernière m'*appauvrit*.

Tu *administras* deux ans le département du Rhône. Le département du Rhône *fut administré* par toi pendant deux ans.

Tu *fus*, hier, *réprimandé* par ton voisin bien injustement. Ton voisin te *réprimanda* hier bien injustement.

Il *divertit* tout son bien, la semaine dernière, à l'infame roulette. Tout son bien *fut* par lui *diverti*, la semaine dernière, etc.

Après avoir remporté, hier, le prix d'éloquence, il *fut louangé* par tous les hommes en place. Après avoir remporté, hier, le prix d'éloquence, tous les hommes en place le *louangèrent*.

Nous *échenillâmes*, le printemps passé, tous nos arbres à fruits. Tous nos arbres à fruits *furent échenillés* par nous, le printemps dernier

Nous *fûmes arrêtés*, lundi, par des brigands, dans la forêt de Fontainebleau. Des brigands nous *arrêtèrent* lundi, etc.

Vous *dégourdîtes* vos frères, en peu de jours, l'année dernière. Vos frères *furent dégourdis* par vous, etc.

Vous *fûtes enchaînés*, samedi dernier, par les
  gendarmes. Les gendarmes vous *enchaînè-
  rent*, samedi dernier.

Ils *accomplirent* donc, les vendanges dernières,
  les pressentimens que vous aviez sur leur
  méchanceté. Les pressentimens que vous
  aviez sur leur méchanceté *furent* donc par
  eux *accomplis* les vendanges dernières.

Ils *furent gouvernés* par de bons chefs dans la
  dernière guerre. De bons chefs les *gouver-
  nèrent* dans la dernière guerre.

PRÉTÉRIT INDÉFINI.

J'ai *dû* long-temps de fortes sommes à votre
  père. De fortes sommes *ont été dues* par
  moi long-temps à votre père.

J'ai *été abîmé* par le voyage que j'ai fait. Le voyage
  que j'ai fait m'a *abîmé*.

Tu *as fréquenté* la bonne société. La bonne société
  a *été fréquentée* par toi.

Tu *as été tourmenté* par tes créanciers. Tes créanciers *t'ont tourmenté*.

Il *a circonvenu* tous les paysans du village. Tous
  les paysans du village *ont été circonvenus*
  par lui.

Il *a été vexé* par tous ses concitoyens, sans le
  mériter. Tous ses concitoyens *l'ont vexé*, etc.

Nous *avons taillé* notre vigne de bonne heure. Notre vigne *a été taillée* par nous de bonne heure, cette année.

Nous *avons été dilapidés* par les méchantes gens. Les méchantes gens nous *ont dilapidés*.

Vous *avez franchi* tous les obstacles qui s'opposaient à votre avancement. Tous les obstacles qui s'opposaient à votre avancement *ont été franchis* par vous.

Vous *avez été suspendu* de vos fonctions par le plus méchant de tous les hommes. Le plus méchant de tous les hommes vous *a suspendu* de vos fonctions.

Ils *ont recueilli* plus de cent pièces de vin, cette année. Plus de cent pièces de vin *ont été recueillies* par eux cette année.

Ils *ont été dominés* par les notables du canton voisin. Les notables du canton voisin les *ont dominés*.

PRÉTÉRIT ANTÉRIEUR.

Dès que j'*eus terminé* mon procès, je me retirai. Dès que mon procès *eut été terminé*, je, etc.

Dès que j'*eus été affranchi* de toute redévance par le général, je fus plus content. Dès que le général m'*eut affranchi* de toute redevance, je fus plus content.

Dès que tu *eus sonné* la cloche pour le baptême
du fils du maire , tu fus bien récompensé.
Dès que la cloche pour le baptême du fils du
maire *eût été sonnée* par toi, tu fus bien , etc.

Dès que tu *eus été reçu* par cet homme , tu fis de
brillantes connaissances. Tu fis de brillantes
connaissances, dès que cet homme t'*eut reçu*.

Dès qu'il *eut marqué* son linge, il se retira. Dès
que son linge *eut été marqué* par lui, il, etc.

Dès qu'il *eut été chéri* par Pierre , il lui fit de
mauvais tours. Dès que Pierre l'*eut chéri*, il
lui fit de mauvais tours.

Dès que nous *eûmes éprouvé* le bon cœur de notre
frère, nous fûmes contens. Dès que le bon
cœur de notre frère *eut été* par nous *éprouvé*,
nous fûmes contens.

Dès que nous *eûmes été entendus* par le magistrat,
on nous permit de nous retirer. Dès que le
magistrat nous *eut entendus*, on nous, etc.

Dès que vous *eûtes demandé* à votre voisin son
cheval, il vous le prêta. Dès que le cheval
de votre voisin lui *eut été* par vous *demandé*,
il vous le prêta.

Dès que vous *eûtes été loué* par votre oncle, vous
fûtes moins orgueilleux. Dès que votre oncle
vous *eut loué*, vous, etc.

Ils *eurent*, hier, *graissé* leur voiture avant huit

heures. Leur voiture *eut été*, hier, *graissée* par eux avant huit heures.

Ils *eurent été défendus* par ce célèbre avocat, avant trois heures. Ce célèbre avocat les *eut défendus* hier, avant trois heures.

PLUSQUEPARFAIT.

J'avais aperçu votre oncle avant que vous m'annonciez son arrivée. Votre oncle *avait été aperçu* par moi avant, etc.

J'avais été entendu par tous les amateurs de musique, quand vous êtes arrivé. Tous les amateurs de musique m'*avaient entendu*, quand, etc.

Tu *avais conféré* une belle place à ton ami, lorsque je l'ai vu. Une belle place *avait été conférée* par toi à ton ami, lorsque je l'ai vu.

Tu *avais été guéri* d'une grande maladie par ton médecin, quand tu es retombé dans une bien plus grave. Ton médecin t'*avait guéri* d'une grande maladie, quand tu, etc.

Il *avait bossué* toute son argenterie, quand il l'a envoyée chez son orfévre. Toute son argenterie *avait été* par lui *bossuée*, quand, etc.

Il *avait été aperçu* par Paul, quand il est arrivé ici. Paul l'*avait aperçu*, quand, etc.

Nous *avions consommé* toutes nos denrées à la guerre d'Espagne ; nous avons donc été sans ressource. Toutes nos denrées *ont été* par nous *consommées* dans la guerre, etc.

Nous *avions été joués* par tous nos prétendus amis, quand vous nous avez avertis. Nos prétendus amis nous *avaient joués*, quand, etc.

Vous *aviez apporté* votre ouvrage pour travailler avec moi, quand le bal a commencé. Votre ouvrage *avait été* par vous *apporté*, pour, etc.

Vous *aviez été frappé* par ces polissons, quand je suis arrivé près de vous. Ces polissons vous *avaient frappé*, quand, etc.

Ils *avaient égalisé* ces lots, quand ils ont été tirés au sort. Ces lots *avaient été égalisés*, quand, etc.

Ces chars *avaient été levés*, par un balancier, à six pouces de terre, quand ils sont retombés sur le sol avec grand bruit. Le balancier *avait levé* ces chars à six pouces de terre, quand, etc.

FUTUR.

Je *graisserai* ce soir ma voiture. Ma voiture *sera* par moi *graissée* ce soir.

Je ne *serai* pas *enchaîné* par les gendarmes avec les criminels. Les gendarmes ne m'*enchaîne-ront* pas avec les criminels.

Tu *moissonneras* ton champ dans cette semaine. Ton champ *sera moissonné* par toi dans cette semaine.

Tu *seras diverti* de tes occupations par tes enfans. Tes enfans *te divertiront* de tes , etc.

Il *convoitera* donc toujours le bien d'autrui. Le
bien d'autrui *sera* donc toujours *convoit é* par
lui.

Il *sera armé* de pied en cap par le maire. Le maire
l'armera de pied en cap.

Nous *percevrons* les impôts de votre commune.
Les impôts de votre commune *seront perçus*
par nous.

Nous *serons* donc *pillés* par nos compatriotes.
Nos compatriotes nous *pilleront* donc.

Vous *emplirez* ces tonneaux de vins de Bourgogne. Ces tonneaux *seront emplis* par vous
de vins de Bourgogne.

Vous *serez fouillés* par le geolier en entrant en
prison. Le geolier vous *fouillera* en , etc.

Ils *rempliront* leur grenier de grains. Leur grenier *sera rempli* par eux de grains.

Ces mouchoirs de poche *seront savonnés* par les
domestiques. Les domestiques *savonneront*
ces mouchoirs de poche.

FUTUR COMPOSÉ.

J'aurai cordé cent voies de bois , que tu n'en auras
pas cordé une. Cent voies de bois *auront été
cordées* par moi , que tu , etc.

Tu *auras été travaillé* par une colique d'estomac pendant plus de deux heures, quand ton nonchalant de médecin arrivera. Une colique d'estomac t'*aura travaillé* pendant plus de deux heures, quand, etc.

Il *aura parlé* l'anglais purement, avant que tu n'aies pu le traduire. L'anglais *aura été par lui parlé* purement, avant, etc.

Nous *aurons été aimés* de tout le monde, quand nous aurons eu une bonne conduite. Tout le monde nous *aura aimés*, quand, etc.

Vous *aurez pris la fièvre* quand cinq heures sonneront. La *fièvre aura été prise* par vous, quand cinq heures sonneront.

Ils *auront été considérés et estimés* de tous les hommes de bien, quand les hommes de bien les auront connus. Tous les hommes de bien les *auront considérés et les auront estimés*, quand, etc.

CONDITIONNEL SIMPLE.

Je *serais considéré* par les habitans comme le premier du village, si j'étais riche. Les habitans me *considéreraient* comme le premier du village, si j'étais riche.

Tu *condamnerais* injustement cet homme, si tu ne lui permettais pas de se défendre. Cet

homme *serait* injustement *condamné* par
    toi, si tu, etc.

Il *serait averti* à temps par ce jeune homme, si
    tu le faisais partir de suite. Ce jeune homme
    l'*avertirait* à temps, si tu le lui envoyais de
    suite.

Nous *considérerions* ce que vous nous dites, si
    vous ne nous en aviez pas imposé plusieurs
    fois. Ce que vous nous dites *serait considéré*
    par nous, si, etc.

Vous *seriez pris* pour dupe par ces intrigans, si
    vous ne les eussiez connus. Ces intrigans vous
    prendraient pour dupe, si vous, etc.

Ils *surprendraient* facilement l'ennemi, s'ils se
    faisaient accompagner par un régiment de
    hussards. L'ennemi *serait* facilement *surpris*,
    s'ils, etc.

CONDITIONNEL COMPOSÉ.

J'*aurais été considéré* de tous mes concitoyens,
    si l'on m'eût mieux connu. Tous mes conci-
    toyens m'*auraient considéré*, s'ils m'eussent
    mieux connu.

Tu *aurais gagné* un terne à la loterie, si je ne
    t'avais pas empêché d'y mettre. Un terne *aurait
    été gagné* par toi à la loterie, si je ne, etc.

Il *aurait été fourni* cent chars de foin par le

quartier-maître, s'il eût été averti un jour plutôt. Le quartier-maître *aurait fourni* cent chars de foin, s'il, etc.

Nous *aurions gourmandé* ces jeunes étourdis, si nous eussions été près d'eux. Ces jeunes étourdis *auraient été gourmandés* par nous, si nous eussions été près d'eux.

Vous *auriez été anéanti* par l'ennemi, si notre corps d'armée ne fût arrivé. L'ennemi vous *aurait anéanti*, si, etc.

Ils *auraient répandu* leur or et leur argent dans cette affaire, qu'ils n'auraient pas réussi. Leur or et leur argent *auraient été répandus* par eux, qu'ils, etc.

AUTREMENT.

J'*eusse administré* convenablement ce département l'année dernière, si j'en *eusse eu* les moyens. Ce département *eût été administré* par moi convenablement l'année dernière, si, etc.

J'*eusse été réprimandé* par tous mes amis, si j'eusse commis cette faute hier. Tous mes amis m'*eussent réprimandé*, si, etc.

Tu *eusses diverti* toute ma société, si tu te fusses rendu hier à notre fête. Toute ma société *eût été divertie* par toi, si, etc.

Tu *eusses été louangé* de l'univers, l'année

dernière, si tu eusses profité des fruits de la victoire. L'univers *t'eût louangé*, l'année dernière, si tu eusses, etc.

Il *eût échenillé* tous tes arbres, s'il se fût trouvé à ta campagne au mois de mars. Tous tes arbres *eussent été échenillés* par lui, s'il, etc.

Il *eût été arrêté* lundi par les soldats du train, s'il eût passé par cette route. Les soldats du train *l'eussent arrêté*, s'il, etc.

Nous *eussions accompli*, la semaine dernière, vos intentions, si vous vous fussiez expliqué. Vos intentions *eussent été accomplies*, si vous, etc.

Nous *eussions été gouvernés* lors de la dernière guerre par de bons chefs, si la peste ne les eut enlevés. De bons chefs nous *eusssent gouvernés* l'année dernière, si, etc.

Vous *eussiez dû* une somme énorme il y a deux ans, si je ne vous eusse engagé à payer peu à peu. Une somme énorme *eût été due* par vous, si, etc.

Vous *eussiez été fréquentés* la semaine dernière par les meilleurs habitans, si vous aviez eu de la fortune. Les meilleurs habitans *vous eussent fréquenté*, si, etc.

Ils *eussent vexé* les habitans de ce canton dans la dernière guerre sans cet estimable général. Les habitans de ce canton *eussent été vexés* par eux, dans la dernière guerre, sans, etc.

11

Ils *eussent été taillés* en pièces par nos grenadiers dans l'affaire d'avant-hier, si leur colonel n'eût arrêté leur fureur. Nos grenadiers les *eussent taillés* en pièces, si, etc.

IMPÉRATIF.

Taille cet arbre de bonne heure, tu feras bien. Que cet arbre *soit taillé* par toi de bonne heure, et tu feras bien.

Sois recueilli par tes amis, je le désire. Que tes amis te *recueillent...*

Qu'il *gouverne* bien sa barque, je serai content. Que sa barque *soit* bien *gouvernée* par lui, je, etc.

Franchissons ce fossé, mes camarades! Que ce fossé *soit franchi* par nous, mes camarades.

Soyons affranchis de toute redevance par le préfet, c'est l'objet de mes souhaits. Que le préfet nous *affranchisse* de toute redevance, c'est l'objet de, etc.

Terminez cette affaire, et vous ferez bien. Que cette affaire *soit terminée* par vous, et vous ferez bien.

Soyez éprouvés de toute manière par les maux les plus cuisans pour montrer votre constance. Que les maux les plus cuisans vous *éprouvent* pour, etc.

Qu'ils *sonnent* donc la cloche. Que la cloche *soit* donc *sonnée* par eux.

Que ces hommes *soient fouillés* sans pitié par les concièrges. Que les concierges *fouillent* ces hommes sans pitié.

SUBJONCTIF.

On désire que je *sois aimé* de Paul. On désire que Paul *m'aime.*

On veut que tu m'*éprouves* dans l'art de la navigation. On veut que je *sois éprouvé* par toi, etc.

Il faut qu'il *graisse* les roues de sa voiture. Il faut que les roues de sa voiture *soient graissées.*

Je doute que nous *consommions* toute cette farine. Je doute que toute cette farine *soit consommée* par nous.

On veut que vous *soyez habillés* à la légère par le capitaine d'habillemens. On veut que le capitaine d'habillemens vous *habille* à la légère.

On demandera en vain qu'ils *soient embarrassés* dans leurs réponses par le juge instructeur. On demandera en vain que le juge instructeur les *embarrasse* dans leurs réponses.

IMPARFAIT.

Votre père a défendu que *je parlasse* anglais en votre présence. Votre père a défendu que l'anglais *fût parlé* par moi en votre présence.

Qui est-ce qui a jamais douté que tu *fusses considéré* de tous les hommes de bien. Qui est-ce
qui a jamais douté que tous les hommes de
bien te *considérassent.*

J'aimais qu'il *préférât* dans sa jeunesse l'étude
aux plaisirs. J'aimais que dans sa jeunesse
l'étude fût par lui *préférée* aux plaisirs.

Il faudrait que nous *fussions reprimandés* par
notre bon père pour croire que nous sommes
coupables. Il faudrait que notre bon père nous
reprimandât pour, etc.

Je voudrais que vous *consommassiez* une grande
quantité de grains. Je voudrais qu'une grande
quantité de grains fut *consommée* par vous.

Ils demandaient que ces grains *fussent apportés*
dans la même journée par vos vignerons. Ils
demandaient que vos vignerons *apportassent*
ces grains dans la même journée.

PARFAIT.

Il faudra donc que j'*aie été demandée* en mariage
par un mauvais homme, pour ne plus trouver
de maris. Il faudra donc qu'un mauvais
homme m'*ait demandée* en mariage pour, etc.

Il aura voulu en vain que tu *aies consumé* toutes
tes richesses. Il aura voulu en vain que toutes
tes richesses *aient été consumées* par toi.

Il a fallu qu'il *ait été reçu* par cette société pour
se trouver dans l'embarras. Il a fallu que cette
société l'*ait reçu* pour se , etc.

J'ai toujours voulu que nous *ayons répandu* nos
bienfaits sur cette commune. J'ai toujours
voulu que nos bienfaits *aient été répandus*
sur cette commune.

Il aura donc voulu que vous *ayez été percés* de
part en part par l'ennemi. Il aura donc voulu
que l'ennemi vous *ait percé* de part en part.

Les princes ont aimé que *j'aie joué* la comédie
devant eux. Les princes ont aimé que la comédie *ait été jouée* par moi devant eux.

PLUSQUEPARFAIT.

Il aurait fallu que *j'eusse été frappé* par ces insolens, vous n'auriez rien vu au monde de
plus furieux que moi. Si ces insolens m'*eussent frappé*, vous, etc.

Si j'avais pensé que *tu eusses aimé* les pigeons,
j'en aurais acheté. Si j'avais pensé que les
pigeons *eussent été aimés* par toi, j'en, etc.

On aurait désiré qu'il *eût affranchi* ses esclaves.
On aurait désiré que ses esclaves *eussent été
affranchis* par lui.

On eût désiré sans doute que nous *eussions été
enchaînés* par les liens de l'amour. On eût

désiré sans doute que les liens de l'amour nous *eussent enchaînés.*

On aurait voulu que vous *eussiez savonné* vos chemises. On aurait désiré que vos chemises *eussent été savonnées* par vous.

Vos parens auraient désiré que vos champs *eussent été moissonnés* par vos domestiques avant la grêle. Vos parens auraient désiré que vos domestiques *eussent moissonné*, etc.

INFINITIF.

Il faut *éprouver* cet homme. Il faut que cet homme soit *éprouvé.*

Il faudra *être aimé* par ces villageois. Il faudra que ces villageois nous *aiment.*

Il aura donc fallu *contremander* ces marchandises nous-mêmes. Il aura donc fallu que ces marchandises *soient contremandées* par, etc.

Il faudrait *être affranchi* de toutes dettes par nos parens. Il faudrait que nos parens *nous affranchissent* de toutes dettes.

Il aurait fallu *consumer* toutes nos richesses pour acquérir de la science. Il aurait fallu que toutes nos richesses *soient consumées* pour, etc.

Il aura donc fallu *avoir été puni* injustement par un professeur, pour ne plus rien apprendre. Il aura donc fallu qu'un professeur m'*ait puni* injustement pour ne plus rien apprendre.

Il aurait fallu *avoir bossué* cette argenterie, pour mettre votre mère de bonne humeur. Il aurait fallu que cette argenterie *eût été* par vous *bossuée*, pour, etc.

Il avait fallu *avoir été aimé* par votre mère, pour qu'elle vous ait pardonné toutes vos sottises. Il avait fallu que votre mère vous *eût aimé*, pour, etc.

Regardant cet homme, je vous réponds qu'il ne volera pas. Cet homme *étant regardé* par moi, je, etc.

Étant enseigné dans les sciences mathématiques par ce célèbre professeur, mon jugement devient de plus en plus sain. Ce célèbre professeur *m'enseignant* les mathématiques, mon jugement, etc.

Ayant enseigné les sciences, je ne puis enseigner les lettres avec plaisir. Les sciences *ayant été enseignées* par moi, je, etc.

Devant être condamné à mort par ces vils scélérats, j'aime autant que ce soit aujourd'hui que demain. Ces vils scélérats *devant* me *condamner* à mort, j'aime autant, etc.

INTERROGATION.

INDICATIF.

Rendré-je justice à votre parent en le nommant
    percepteur ? La justice *est-elle* par moi ren-
    due à votre parent en, etc ?
Nos enfans *sont-ils aimés* de Paul ? Paul *aime-t-il*
    nos enfans ?

IMPARFAIT.

Étais-je averti de vos malices par votre père quand
    vous vîntes ici ? Votre père m'*avait-il averti*
    de vos malices quand, etc. ?
Prenions-nous la balle au bond à votre arrivée,
    quand nous vous fîmes des complimens de
    condoléance ? La balle au bond *était-elle*
    prise par nous quand, etc. ?

PARFAIT DÉFINI.

Assurai-je, l'année dernière, votre vaisseau ?
    Votre vaisseau *fut-il assuré* par moi l'année
    dernière ?
Furent-ils bien reçus avant-hier du public ? Le
    public les *reçut-il* bien avant-hier ?

PARFAIT INDÉFINI.

As-tu été chéri de tes parens ! Tes parens *t'ont-ils*
    chéri ?

Avez-vous vendangé vos vignes cette semaine ?
Vos vignes *ont-elles été vendangées* par vous
cette semaine ?

PLUSQUEPARFAIT.

Avait-il gagné la bataille quand le bataillon sacré
a donné ? La bataille *avait-elle été gagnée*
par lui quand le bataillon sacré, etc. ?
Ces impôts *avaient-ils été perçus* par votre maire
en l'absence du receveur ? Le maire *perçut-
il* ces impôts en l'absence, etc. ?

FUTUR.

Corderai-je, ce soir, vingt moules de bois ? Vingt
moules de bois *seront-ils*, ce soir, *cordés* par
moi ?
*Serons-*nous *engagés* au dîner de cérémonie par
le préfet ? Le préfet nous *engagera-*t-il au
dîner de cérémonie ?

FUTUR COMPOSÉ.

*Auras-*tu *été diverti* de tes occupations par ce
jeune enfant, quand ton père sera arrivé ?
Ce jeune enfant t'*aura-*t-il *diverti* de tes occupations, quand, etc. ?
*Aurez-*vous *chéri* en vain ce jeune homme ! *sera-*

t-il donc ingrat! Ce jeune homme *aura-t-il été chéri* en vain!...

CONDITIONNEL.

Appercevrait-il mes intentions sur sa demoiselle, si j'allais moins souvent chez lui? Mes intentions sur sa demoiselle *seraient*-elles *apperçues* par lui, si, etc.?

Ces chevaux *seraient*-ils *demandés* par le sous-préfet? Le sous-préfet *aurait*-il *demandé* aujourd'hui ces chevaux?

CONDITIONNEL COMPOSÉ.

Aurais-je *été* couronné par le maire s'il se *fût trouvé* à la distribution des prix? Le maire *m'aurait*-il *couronné*, s'il se fût trouvé à la distribution des prix?

Aurions-nous puni injustement ces jeunes gens? Ces jeunes gens *auraient*-ils *été punis* par nous injustement?

AUTREMENT.

Eussé-je *trouvé* hier monsieur votre père chez vous, que je n'aurais pu lui parler! Monsieur votre père *eut-il été trouvé* par moi hier chez vous, que, etc.

Eussions-nous *été avertis*, la semaine dernière, par le notaire, de la vente de ce domaine, que nous n'aurions pu nous rendre sur les lieux ! Le notaire nous *eut*-il *avertis* la semaine dernière, de la vente de ce etc....

Fin de la deuxième Partie.

ERRATA.

Page 7, ligne 8, au lieu de pour arriver *à l'inconnu*, lisez : pour arriver *au connu*.

Page 15, lignes 19 et 20, au lieu de les conjugaisons, *en conversations*, lisez : les conjugaisons *en conversation*.

Page 16, ligne 22, la grammaire de la langue qu'ils auraient *appris*, lisez : qu'ils auraient *apprise*.

Page 22, ligne 19, au lieu de, le *deuxième* établissement, lisez : le *premier* établissement.

Page 25, lignes 19 et 20, au lieu de l'agréable *ponctuation*, lisez : l'agréable *épellation*.

Page 29, lignes 19 et 20, au lieu de *le mot* un à un, lisez : *les mots* un à un.

Page 31, ligne 6, au lieu de *monte* à l'oreille., lisez : *mente* à l'oreille.

Page 31, ligne 15, au lieu de *prend* ensuite, lisez : *punit* ensuite.

Page 51, ligne 19, les élèves chaque *année*, lisez : chaque *séance*.

Page 60, ligne 19, que *tu fusses*, lisez : que *je fusse*.

Page 127, ligne 13, *entendrais-je*, lisez : *entendrai-je*.

IMPRIMERIE DE COQUE, RUE DE L'ARCHEVÊCHÉ, N° 3.

www.ingramcontent.com/pod-product-compliance
Lightning Source LLC
Chambersburg PA
CBHW072236270326
41930CB00010B/2154